海外
中国史
研究

民国时期的
学术界

［日］桥川时雄 著
［日］高田时雄 编
樊昕 译

北京大学出版社
PEKING UNIVERSITY PRESS

著作权合同登记号　图字：01-2023-0226

图书在版编目（CIP）数据

民国时期的学术界/（日）桥川时雄著；（日）高田时雄编；樊昕译
.—北京：北京大学出版社，2023.10
（海外中国史研究）
ISBN 978-7-301-34334-0

Ⅰ.①民…　Ⅱ.①桥…②高…③樊…　Ⅲ.①知识分子—研究—中
国—民国　Ⅳ.①D693.71

中国国家版本馆 CIP 数据核字（2023）第 157181 号

橋川時雄著，高田時雄編「民國期の學術界」經橋川潛先生、高田時雄先生授权
出版。简体中文版于 2023 年由北京大学出版社出版。

书　　　　名	民国时期的学术界 MINGUO SHIQI DE XUESHUJIE	
著作责任者	［日］桥川时雄　著　［日］高田时雄　编　樊　昕　译	
责 任 编 辑	徐　迈	
标 准 书 号	ISBN 978-7-301-34334-0	
出 版 发 行	北京大学出版社	
地　　　　址	北京市海淀区成府路 205 号　100871	
网　　　　址	http://www.pup.cn　　　　新浪微博：@北京大学出版社	
电 子 邮 箱	编辑部 wsz@pup.cn　总编室 zpup@pup.cn	
电　　　　话	邮购部 010-62752015　发行部 010-62750672 编辑部 010-62752022	
印 　刷　 者	涿州市星河印刷有限公司	
经 　销 　者	新华书店	
	880 毫米×1230 毫米　A5　10.125 印张　204 千字 2023 年 10 月第 1 版　2023 年 10 月第 1 次印刷	
定　　　　价	76.00 元	

中文版前言

　　本书的日语原版由京都临川书店刊行，是在二〇一六年十一月，已是六年前之事。这次该书为江苏凤凰出版社的樊昕先生所看中，并由他翻译成畅达的中文版出版，真是可喜可贺。距今数月前，樊先生通过京都大学的道坂昭广教授向笔者寄送了译稿，征求意见。翻阅后我记得其无微不至的译文大致都很正确，只对极少数之处做了订正并返还。

　　本书的著者桥川时雄在 1918 年来到北京，生活了近三十年，作为东方文化事业部的总务委员署理，几乎独自一人为《续修四库全书总目提要》的编纂事业倾注了全力。桥川只以福井师范学校毕业的身份西渡中国，虽然其生涯与日本国内的学统无缘，但滞留北京的过程中通过各种机会深培了学识，可以称得上是独学之人。特别是通过"东方文化事业"的推行与中国的学人有了广泛且深厚的交谊。同时也与访问北京的日本学者广泛交际，到北京必访桥川已成为他们的一种惯例。如此多方面的人脉，是由桥川诚实的应对与清新的感性所构筑起来的。

实话说，笔者只闻知桥川其名，关于其人的学问并未深切注意。已是十七八年前了吧，从北京一位先生处得知有人寄给桥川的信件在北京被大量出售的消息。来自中国学人的通信已归中国国家图书馆所有，剩下的都是日本人的信件，如果有兴趣的话就需要斡旋，结果这批约三百通的书信有幸为笔者所藏。逐一检视这批书信，可知桥川广泛的北京活动之一端，可以作为宝贵的学术史资料。遗憾的是过半的书信尚存在著作权的问题，时至今日也不能予以公布。但多亏入手了这批书信，逗引起我对桥川本人的兴趣，于是便有了搜索其遗文的机缘，我的搜查甚至涉及未公开发表的材料。本书所收的《天津、济南及长江地方学事视察报告书》和有关中国学界的两种"大事记"便是这种搜索的结果。

若说到遗文，听说桥川尚存有相当数量用中文书写的著作，被以中国科学院图书馆为首的中国国内诸机构所藏。以本书的刊行为契机，不论是已刊或未刊的，我都希望桥川的著作能重见天日。

高田时雄

二〇二二年十月于京都阵南书室

目　录

天津、济南及长江地方学事视察报告书

绪　言

一、因归平后时局极其危急，执笔匆忙，本报告书记文不免拉杂、详略不齐。

一、归平后我本欲再访问北平国学界人物及老学潜儒，以期继续本报告书之撰写，不幸正逢中日两国间感情极度恶化之时期，此事亦只能俟诸他日。

一、本报告之外，如在视察旅行中所得资料尚多，则更事增补，继续调查北平，还有广东、福建、奉天及四川等地现存学者，略现全中国国学界人物之详况，或足窥其梗概。

一、本报告书中叙及个人之毁誉，有笔者直率批评之处，此记录甚惮他见。

昭和六年（1931）十月五日于北平

学事视察报告书

北平　桥川时雄　编

本年四月，我在北平研究所研究员江瀚、胡玉缙二氏陪同下赴东部，五月二十日返回燕京。六月八日文化事业部部长致信濑川委员，大意是：五月十三日服部、狩野两委员协议的结论，是关于《续修四库全书提要》的编纂，由于不可将所有的分纂者都招至北平，所以不得不任其在家著述。因希望托中国南方的权威学者起草，所以让我先行赴江苏、浙江、安徽、湖北、湖南各省视察旅行。然其时正在进行研究员改组，延聘杨锺羲、伦明二氏，以及出版胡玉缙著作等研究所的种种问题因尚未能充分解决，所以我不能仓促离开北平，六月二十三日才送呈旅行日程，七月七日得到部长电示，竟于七月二十一日方始得开启行程。

我此行的使命，是以私人身份寻访中国各地的潜儒硕学，调查其阅历、著述、生活等方面，并勉力搜集近十数年来已故学者的行述及遗著，兼及寻访藏书家，视察学校图书馆、书肆，又围绕研究所《续修四库全书》的事业，对诸家关于《四库全书》及其提要撰写之事的意见尤加注意调查，等等，是我此行决心考察的目标。从北京出发之前，我携带有四十余件杨锺羲、胡玉缙、杨树达（清华大学教授）、瞿宣颖（燕京大学教授）、张尔田（同上）、黄节（清华大学研究院导师、北京大学教授）、邵瑞彭（中国大学教授）、孙人和（同上）、尹炎武（辅仁大学教授）、阚泽（中国营造学社总纂）诸氏出自好意而寄来的介绍信。

一、济南、潍县、青岛

七月二十一日下午五时北平出发，翌日二十二日上午十时抵达济南，投宿第一宾馆。当日往观历下亭山东省立图书馆及市内各书肆。二十三日，参观图书馆举办的砖瓦图书展览会，与馆长王献唐会面。二十四日，参观齐鲁大学，拜访丰田、马场二氏。二十五日，抵潍县。陈蜚声不在，访其弟子丁稼民。夜十时到青岛，投宿东华旅社。二十六日早八时，访青岛大学校长杨金甫及闻一多教授，两位赴南京或武昌，不值。二十七日上午，参观青岛大学及其图书馆。又访叶恭绰（前交通总长），正午乘天津号赴上海。

（一）山东省立图书馆概况

山东省立图书馆宣统元年创设于历下亭旧址，系由提学使兼本馆提调湖南罗正均（字顺循）及其幕客太仓姚鹏图（字柳屏）共同购藏搜集的图书和金石为基础而建立。民国以来缺乏当局有力支持，经营颇为惨淡，最近英年多才的王献唐就任馆长，并得到中央执行委员丁惟汾及山东省教育厅厅长何思源等人的有力支持，馆务遽然扩张。王献唐（旧名琯，今以字行），山东日照人，著有《公孙龙子悬解》六卷。今年三十三岁，其父廷霖承许印林学，著有《泉币图释》《古韵新析》《读说文日记》等，皆未刊。兹将王馆长最近贡献二三列举如左。

1. 聊城海源阁藏书保存计划　王氏感慨于海源阁藏书的散佚，早前著有《聊城杨氏海源阁藏书之过去现在》一小册，又刊布《海源阁宋元秘本书目》（杨保彝编），唤起世人注意的同时，收购市上出售的海源阁藏书；另一方面，又与杨氏现家主名敬夫者商议保存图书的具体方案，多方企划，诚为山东文献之幸事。然平心而论，王氏所为，因太过急于求成，《聊城杨氏海源阁藏书之过去现在》及其在《山东省立图书馆季刊》第一集第一期上关于该阁藏本的文章，所记多有失实，其保存办法亦离实情较远，颇为遗憾；所云北宋本《王摩诘集》等二十三种为日本人以八万元收购，几近街头巷尾之谈。又王氏提出图书馆有万分诚意可代为保管海源阁现存善本，杨氏虽极为赞同，但据说因政变频繁，原负责人一直遵守保护海源阁善本的承诺，故当下杨氏并没有完全信赖该馆的责任人，以致交涉中断。然收购以宋版《韦苏州集》为首的数种海源阁藏书，应该说是王馆长的功绩。

2. 山东前贤遗稿的搜集及出版 （甲）计划许印林全书的刊印。已得到刻本五种及其稿本十数种，现正在征求其遗著。（乙）计划出版牟陌人《同文尚书》、丁楘五《说文解字均隶》、宋书升《古韵微》等。（丙）正努力搜求山东先贤的遗稿及生前爱赏之书籍，以及征求李文藻的藏书等，又如购入近年物故的宋书升遗稿及手批本等，均依赖王氏之手腕。其更在《山东省立图书馆季刊》阐述其他种种事业的成功及将来的计划。王氏为求事功，遽将文化机关与国权回收的时潮相关联，以海源阁藏书的保存与遏制其流向海外为借口，其利用国权思想的鼓舞与宣传之意，诚为可惜。潍县高氏上陶室所藏秦汉砖瓦为我邦久原某购得，山东省教育厅乞之胶州铁路局将其扣留，运回该馆并开办展览会，供人纵览，我亲赴其会参观。现在这种不通事理的心理，可发浩叹。

（二）山东现在的书儒和国学界人物

我在青岛会见叶恭绰氏时，偶叙及山东现在学者之事。他说此方已无一人可称学者，不堪寂寥。青岛大学时值初创，校长杨金甫、教授闻一多均为新文学一派，非专精国学之人。然此方出身之耆儒，举现居北平之柯劭忞、陈蜚声二人，青年学者有傅斯年、栾调甫及前记之王献唐。丁惟汾（政治家）及丁锡田亦可谓此省笃学之士。（甲）柯劭忞，字凤荪，现山东省长老儒学第一人，自不待言。我对柯氏敬佩之情有二。其一，对学术编纂事业，他有总裁般的高深造诣和识见。在编纂《四库全书》续辑的书目时，他毫不客气地对其他所有研究员的纂稿施以笔改笔正，其学识便可见一斑。其二，对于众人觉得困难而唯恐避之不及之处，他却有担当的勇气，比如在本次提要续纂之际，率先承担易部的撰写。作为《新元史》《春秋穀梁传注》的著者，柯氏对"东方文化事业"的贡献，尽人皆知，我当另撰文叙及。（乙）陈蜚声，字鹤侪，潍县人。以进士当朝政，革命后归乡杜门授徒，今年已过七十。近来移居安丘县伏家庄，正从事县志编修总纂。其著《伏乘》凡十九卷，卷一先儒年表，卷二世系表，卷三封建表，卷四今文尚书传经表，卷五氏族考，卷六里居考，卷七家墓考，卷八祠祀考，卷九图像考，卷十经籍考，卷十一博士考，卷十二子孙著闻者列传，卷十三附见列传，卷十四传经诸儒列传，卷十五烈女列传，卷十六之十八艺文录，卷十九叙录，附录伏氏佚书九种。按，汉伏生系强秦焚书后拾掇口授今文《尚书》二十八篇者，陈氏《伏乘》则将所有关于伏氏之史料文献排比编纂，虽类似一家之私乘，然非贯通群经百家而不能办。据说陈氏还有《伏乘》之外的史地相关撰述。（丙）傅斯年，聊城人，留学美国，现任北平国立中央研究院历史语言研究所所长，研究史学，又兼北京大学等教授，为山东出身的英年学者之一。栾调甫，蓬莱人，齐鲁大学教授，今年三十六岁，精诸子之学，尤重墨子研究。认为孙诒让之《墨子间诂》虽为学者推重，仔细寻检后发现，孙氏著作不过搜集十余家的注说，断案亦甚劣，遂荟萃十多年心力而著《墨子校注》若干卷，未刊。丁惟汾，现国民政府执行委员之一，山东日照人。专攻音韵学，承其父以此之学。惟汾著《齐东语》，正在研究《尔雅》《方言》。丁锡田，字稼民，潍县人，陈鹤侪弟子，著有《稼民杂著》《后汉郡国令长考补》《山东县名溯原》等，究心于史地之学。

（三）山东省先贤未刊遗稿之所在

（甲）丁以此，字竹君，日照人。承许印林之学，专攻小学，尤精音韵，除刊有《毛诗正韵》（《毛诗正韵》系家刻本，其书版今归山东省立图书馆)《箕表录》外，尚有《楚词韵》《毛诗字分韵》《切韵谱》等，遗稿均存其子惟汾处，山东省立图书馆又有副抄本数种。（乙）周悦谦，字益伯，莱阳人。声名一时，与俞曲园并著，有"北周南俞"之称。其著作甚多，近来散佚，不详所在，甚为可惜（此为柯劭忞氏原话）。我本次游齐鲁，努力探寻其遗稿书目与略传而未得，当俟再行调查。（丙）宋书升，字晋之，号旭斋，潍县人，以进士任山东洙源书院山长。年老无子，清末为袁克定师，袁世凯称帝辞归后病卒。著述二十余种，《周易要义》刊刻后未能印行，其他著作稿今年由北平及济南书肆出售，《夏小正释义》《文集》《古韵微》及其手批《论语》为山东省立图书馆购藏（北平翰文斋出售），其《诗集》归徐世昌，力作《竹书纪年注》不知归何人之手。宋氏遗稿在其卒后，由其女婿名高淑性者收藏，前年高氏亦去世，宋氏著稿二匣竟全为历下聚文斋收购，向四方出售。宋氏精深于经史之学，曾向李善兰学习天算，山东省立图书馆计划将刊印其《古韵微》。尚未听说有人为宋氏立传及编撰其著作目录。（丁）牟庭，字陌人，栖霞人，道光壬辰卒。孙渊如敬服其学，与武进臧庸并称为"南臧北牟"，其著稿多散佚，《同文尚书》存其族人处，有刊印计划。（戊）又有安丘王筠（号篆友）之稿本，一半归同里赵孝陆，一半归武进李祖年。其《说文释例》及《说文句读》原稿为南京江苏第一图书馆及长沙叶氏购得。其他如许印林、李南涧等山东先贤已刊、未刊书稿，珍赏之手批书籍，最近渐次在市场出售，此尤当注意之事实。

二、上海

七月二十八日下午六时到上海，住神州大旅社，拜访东方文化自然科学研究所。二十九日，静安寺路风雨楼访邓实，见其所藏刘师培遗稿数种。又访王蕴，不在。又访商务印书馆经理张元济于其极司非而路寓所。三十日，访程淯、赵尊岳、孙德谦诸氏，赵氏不在。三十一日，到哈同爱俪园，访董康、朱孝臧、程颂万诸氏。赴程淯招宴。王蕴来访。八月一日，访王蕴。午时赴王氏招宴。下午四时访刘承幹，不在。晚赴董康招宴，与会者张元济、孟心史、赵尊岳、陈乃乾、沈骏声及长泽规矩也诸氏。二日，访赵尊岳、诸宗元。参观沪上旧书肆。三日，于刘承幹寓所访董康，打听去南浔的路程，然因洪水，舟车不便，遂听从董氏之言，决定结束宁波、杭州之游后，再考虑南浔之行。下午一时，访章炳麟。访邓实，借钞《左庵诗》一册。访朱钵文及黄宾虹。四日正午，赴赵尊岳招宴。参观东方图书馆。陈彬和来访。五日，赴杭州、宁波，十一日归上海。十二日晨，访陈汉章子志纯，不在。同日赴苏州。九月十日第三次来上海。十一日，访徐乃昌、姚名达。十二日，访张之铭、叶恭绰、林正。晚与江亢虎、程淯小饮。其时中日开战、洪水来袭之说纷起，人心惶惶，乃至张元济、董康及章炳麟宅辞行并留名刺。十三日早七时，于医学书局访丁福保，晤周云青，九时乘华山号经青岛归北平，滞留上海前后凡十日。

（一）章炳麟、朱孝臧、孙德谦及《国粹学报》旧同人等之近况

八月三日午后一时，访章太炎于法租界同孚里十号寓所，中堂挂有林权助氏书幅，在其楼上书室相见。章氏头发已染星霜，精神颇为清爽。开口即谓"贵国汉学百年前既有卓然杰出之士，如太宰纯、物茂卿、山井鼎等"，说的都是其向来对日本汉学家所抱持的观点。其所言与所著书中所论略同。又云《清史稿》中不惬人意处甚多，清史资料多从《明实录》及明人公私著述中取材，然建州时代的史料不可不求诸朝鲜。并言清人最初没有自己之文字，故其祖世系颠倒缺脱甚多，引用明人记录也不能一以贯之，如有机会，希望能赴朝鲜征求史料，补其缺漏。《章氏丛书》为《春秋左传读叙录》等十种，凡四十八卷，有民国八年浙江图书馆刊本。此后除两三种演讲笔记外，未能见到章氏的单本著作，

但最近有三大著作：《春秋左氏疑义答问》五卷、《新出三体石经考》一卷、《菿汉昌言》五卷。章氏眼老花，不能作细书，如《春秋左氏疑义答问》即赖其弟子黄侃钞写。据云三书近期将拟付梓。且闻《菿汉昌言》五卷尤为其倾注心力之作，并云除笔记著书外别无其他任何兴趣。

朱祖谋，字孝臧，号彊村，归安（即湖州）人。光绪癸未传胪，曾任前清礼部侍郎，以词家及校词之业为世人所知。为现在词家中之元老，现如河南大学邵瑞彭、上海《申报》赵尊岳及广东中山大学陈洵等，可谓踵继此老之健将，均与此老在师友之间。我持邵瑞彭的介绍信，与其旧识程淯一道，访彊村于虹口东之寓所。彊村此时体力不甚佳，衰老殊甚，闭门谢客，但因程氏的介绍，勉强出来会见。观其大部分的言语，我听不清楚，所以对话时我尽量不说，只听他说，勉强记录下其所说。他说：《彊村丛书》（民国十一年刊）凡四十册，常有人询问我是否有续补，本人尚未从事，希望今后学者能大幅续补，以期集成，闻赵万里已有自己编辑的书刊印，诚为幸事。又云考试学生为求名利，不能讲学问，有学问的门生难得，自己无学问，何能称门生（此处言语稍似支离）。又云陈洵之词甚佳，其《海绡词》当为词家佳制，其词学造诣当世罕有，近见其著作刊行（书名不记）。《彊村词》

有续稿，其他无著作。近日仿《唐诗三百首》体例刊著《宋词三百首》，因作童蒙教科书之用而选辑甚为慎重云云。彊村无子嗣，心境颇为萧条，晚景贫寒，只以鬻字遣送余生。尤其是与其交谊尤笃的郑文焯、周癭笙辈，今日无不绝景穷居，患难余生，真堪同情。顺言之，邵瑞彭的词集已付梓，近期当开版雕印。又陈洵，字述叔，新会人，现年六十余。因其词才及词学尤为彊村推赏之处，《海绡词》黄节序中亦叙及。赵尊岳，字叔雍，武进人，为临桂周癭笙（名周颐）高弟，亦得朱彊村推重。善诗余骈文，其才当世作家罕有比肩。年未届不惑，著有《和小山词》。前年刊布四印斋本《梦窗词》，又多藏珍贵词集。现任上海《申报》经理之秘书。

孙德谦，号隘庵，元和人，现住上海爱文义路。辑其著作《太史公书义法》《刘向校雠学纂微》《汉书艺文志举例》《六朝丽指》成《孙隘堪所著书》行世。又著有《群经义纲》《诸子通考》及《二妙年谱》。《文选学通义》若干卷、《中国文学志》若干卷未成稿。自云："老师沈子培先生逝世、刘申叔（师培）早故后，我与王静安（国维）俱在上海。与静庵及张孟劬（尔田）交谊殊深，常见面一起从事校书之事。静庵投湖，孟劬最近亦去北平，独我孤影萧索，踽踽独行，无乐可言。虽想隐居著书，无奈力不从心。我在贵国友人不少，贵国文化会招我为评议员。"并说其《太史公书义法》被德国某大学用作教科书。我数年前曾与隘庵通信，又读其著作，以为是四十余岁的中老年学者。本次见面，惊讶于实际上是留辫蓄发的六十三岁老翁，一派遗老模样，又听说还有《四库提要校订》一卷。

我访问现在上海的章、朱、孙二氏，将他们的近况记载如上。也当报告当年因《国粹学报》的发行而颇为助长中国国学界声势的该社旧同人的现状。我抱着现如今一定还有墨守书香、沉潜斯学之同人的想法，赴各地访问同人。当年同人中，刘师培、田北湖二氏已逝世，如今健在的，除前记之章炳麟外，尚有现居北平的黄节、马叙伦二氏。邓实、陈去病、黄宾虹、诸宗元四氏皆在上海。

邓实，字秋枚，广东顺德人。现住上海静安寺路，似挂牌风雨楼从事古董书画买卖。其藏书中往年已排印过《定庵集》底稿本（定庵之子龚橙校订）、刘师培遗稿《春秋繁露斠补》（朱书）、《藏经提要》稿本三册（付印《春秋左氏传旧注疏证》所用原稿纸）等，均在《国粹学报》上刊载。邓实之弟名方，字秋门，颇有奇气异才，乃精思笃学之士。不幸二十一岁即早逝，其《小雅楼诗集》八卷、《文集》二卷均为殁后刊行，非常可惜。诸宗元，字真长，长于词章之学，富藏书，然其珍贵钞本、孤本因罹火灾，十失其九。其人尤温笃，现经营煤炭生意，今以善诗书而为人所知。黄宾虹，现以绘画驰名沪上，又经邓实引领于神州国光社经营印书事业，最近付印所得汉熹平石经残石二百七十九件。不是学者同人的，还有始终与邓、黄、诸三氏及黄节氏交好的朱钵文，经营同时，也志在《说文》的研究。又王薳，字秋湄，正搜集并研究有关北朝的金石拓本，并整理其著作，同时经营着盐业。朱、王两氏抱着今后有机会便要专心著述的气概。关于黄节、马叙伦及业已故去的刘师培，当别叙之。

（二）刘承幹、董康、徐乃昌及张元济近期的事业

刘承幹，字翰怡，南浔人，现住上海法国租界爱文义路。在遭遇所谓绑票之厄后，他对身边起了戒惧之心，杜绝见客，也很少外出。我和董康氏相约，想去拜访，但他却借口在南浔，不予接见。有一白发老翁频频来其书室钞书，后来知道其人即是刘氏，可见他对外人的警戒。其藏书一半在南浔，一半似在上海，现武汉大学教授徐可行从今年二月开始，拟花费一年左右的时间，正在钞校其在南浔所藏的珍本秘籍。又，董康氏每日赴刘宅，终日编辑《嘉业堂善本藏书志》。此前已选定其书目，钞写完序跋题记，现正起草考辨案语，距付梓刊行尚需多日。关于刘氏藏书之

来历，乃自光绪、宣统年间经十数年的逐渐收购而成，据说宋元善本多为袁氏芳瑛旧藏，也有天一阁及四明卢氏抱经楼所藏。尤多明刊旧钞本，因当时士大夫对此类书并不重视，遂得以颇为低廉的价格收购，如其所藏的徐松钞出《宋会要》为学者所知，《罪惟录》九十卷钞本，查继佐撰，此书也颇具明史史料价值。刘氏在购书的同时也刊印了很多稀见古书及今人名著，多编辑在其《嘉业堂丛书》《求恕斋丛书》《留余草堂丛书》及《嘉业堂金石丛书》等中，其他如《八琼室金石补正》等以单行本刊行的也不少。我本想与董康谋划去往南浔，适逢洪水阻碍舟车，太湖沿岸又匪患频频，等到水灾匪患渐息决定出发之时，竟停止此行，只好俟诸他日，再觅良机。

董康，字绥经，江苏武进人。屡任大理院长，又任司法总长等政界要职，六十四岁，现今与政界断绝关系，专心读书著述，对文化事业也有不少想法。目前每日赴刘承幹家编纂其藏书志，已如前述。董康自民国十五年冬至十六年四月因政变避难日本，在日期间，他访求日本所存的旧椠孤本及古本小说，详记其版式内容，兼记日常应酬他事，草为日记，编成《书舶庸谭》四卷，民国十九年四月（去年）由大东书局印行。今年五月，董氏在大东书局经理沈骏声氏的怂恿下，影印发行了二十集足本《指海》，并亲自作序，赞助此书的出版。最近又在上海《申报》上起草中日文化事业具体草案，发表阐述自己的意见。他的刊书事业时缓时急，至今日未尝稍息。如正在刊刻董舜民《苍梧词》十二卷，又拟刊行《古文旧书考》四卷及《铁琴铜剑楼书目》三十卷。《古文旧书考》四卷，系据岛田翰氏在宫内厅图书寮看书时用六百张美浓纸的随录，与刊本不同，我前年听说，其原稿本现藏董氏北平家中。

徐乃昌，字积馀，安徽南陵人。年七十，现住上海。曾两次游历日本，刊刻有《随庵丛书》《随庵丛书续编》《积学斋丛书》《鄦斋丛书》《怀豳杂俎》《随庵所著书》《宋元科举三录》《至圣林庙碑目》六卷、《徐公文集》三十卷、《永嘉四灵集》四卷、《天游阁诗集》、《玉台新咏》十卷、《小檀栾室汇刻闺秀百家词》十集等。又颇富藏书，多清代稀见本及钞本，编有《积馀斋藏书志》，未刊。近与黄质（宾虹）等相谋，有《安徽丛书》刊行计划，现正在选定书目。

张元济，字菊生，海盐人，现为上海商务印书馆经理、东方图书馆董事。以上海商务印书馆出版事业对现中日文化开发之贡献，不可不称赞其功劳大部分要归于张氏。又东方图书馆经由二十余年来的经营，方至今日巨观，此一功绩多属张氏，毋庸待言。

张氏当前在书馆，正全力为纪念该馆成立三十五周年而出版百衲本《二十四史》而努力，其他各种计划则暂时搁置，正显示毕其功于一役的气势。实际上，百衲本所采用的宋元旧刻，可订正殿本讹误之处甚多，《史记》和前、后《汉书》及《三国志》四史皆为宋刻，将其与殿本对照，异同一目了然，当知此书价值与张氏苦心。东方图书馆藏书约三十万册，人所皆知，会稽徐氏镕经铸史斋、长洲蒋氏秦汉十印斋、太仓顾氏谀闻斋及盛氏意园、丰顺丁氏持静斋、江阴缪氏艺风堂的善本，多为该馆所藏（原涵芬楼近改名为东方图书馆）。据闻善本书籍并不存于馆内，保存在某银行中。去年阎冯事起时，为避兵难又将善本移藏他处。民国十六年，孙传芳、张宗昌两军驻上海，该馆成为兵舍，兵卒竟做出将书籍易换煤炭如此无谋之事，是以藏书移藏某银行中，方躲过一劫。今夏洪水，黄浦江暴涨，善本皆遭水浸湿，藏书艰难之多如此。最后再当附及一句，张元济学藻高尚，诚为现中国不多见的具有温厚笃实之性格且有手腕之老绅士。

(三)《四库全书》及其"提要"相关的撰著与事业

上海法国租界梅白格路有医学书局，系丁福保所经营，起初出版医学书籍，近年来也编纂刊印与中国国学有关的书籍，颇便利于学者。如八千页巨帙的《说文解字诂林》虽稍为世人争议，收书有一百六十余种，至少对于无力购买原书的人来说是方便的编制。丁氏还计划编印《四部书目总录》，旨在将各家读书志、题跋记、藏书志及各史之经籍考、各家文集笔记所见材料等概所采录，编制成系统性的解题书，印刷样本，附有引用书目表。我至医学书局问及其编辑周云青此项事业现在进行情况如何，答曰："此书肇始于民国十六年末，迄今已及五年，因已大体完成从史志、地方书目及私家藏书目录中的采录，目前正采录清代各家文集及各省方志中的经籍。"文集、方志之细目大概有二千种。又其引用书目，除已有样本外，尚增加了四十余种。我从中将与《四库全书》及《四库全书提要》有关者揭载如左：

甲、《四库目略》四册，今人杨立诚撰。（注云此书较《简明目录》简要。）

乙、《四库全书提要分纂稿》一卷，清邵晋涵撰。

丙、《惜抱轩书录》四卷，清姚鼐撰。（注云此系姚氏分纂《四库提要》时之稿本。）

丁、《四库全书提要补正》《四库未收书目提要续编》不分卷，今人胡玉缙撰。（据闻胡氏尚未许诺钞写其稿本。）

戊、《四库全书提要辨证》不分卷，今人余嘉锡撰。（据闻余氏尚未许诺钞写收录其稿本。）

己、《四库全书提要校订》一卷，今人孙德谦撰。（按：此稿是否为《东亚学术杂志》刊载，俟考。）

庚、《四库未收书目提要》五卷、《揅经室进书目录》四卷、《宛委别藏正续书目提要》不分卷，清阮元撰。

辛、《四库未收书目提要补》四卷，今人周云青撰。（据周氏云，此书尚未成稿。）

壬、《续书楼读书记》一卷，今人伦明撰，此系《续修四库全书》尚书类提要稿。（据伦氏言，此稿为大连胡玉缙制作，不知稿本今在何处。周氏云藏有其钞本。）

除引用书目记载以外，最近新得引用书籍中，据周氏所说与《四库全书》相关者有四种如左：

甲、《四库全书提要分纂稿》百五十册，清翁方纲撰。（据闻此书现藏刘氏嘉业堂，非翁方纲撰，系其钞写，甚怪。又有人云此书无甚价值，俟再考。）

乙、《四库抽毁书提要稿》，清纪昀撰，今人王重民辑刊本。

丙、《四库未收书提要》二册，清周郇撰钞本，未刊。

丁、《四库后出书序跋》四十四卷，附《未收书序跋》一卷，清曾文玉编。（苏州图书馆藏其原稿本。）

丁氏此书于今年编纂毕并刊印，明年预计能出版。据闻《四库全书》及相关提要撰者，除我上述记载外，尚有两三种，一即现任常熟县长方辛根（名新）的《四库全书提要辨正》，尚未分卷，已达二十余册之巨著。方氏曾任湖南图书馆馆长，据云尤精于乾嘉学派相关之流别。二是南京江苏第一图书馆戴某之《四库全书书目韵编》，原系未完稿，近年有范志超者（武昌人）增补完成。现藏北平图书馆的增补前稿本由缪荃孙钞写。原《四库全书》索引所附大东书局石印本《四库全书总目提要》之四库人名索引，编辑拉杂，远不及戴氏此书体例严正。三是湖南叶德辉遗著《四库全书版本考》。此书近期计划付梓，此系叶氏倾注心血之作，固不待言，然书名《四库全书版本考》或稍有不妥，因对于《四库》采用本，叶氏以其所藏图书有所批判，故我认为出版后对学者裨益不少。其他还有苏州黄颂尧《四库未收书版本考》（见《江苏图书馆馆刊》），此本不足采。又现居北平的陈垣有关于《四库全书》的几种调查草稿，又东京静嘉堂文库皕宋楼旧藏有《郑堂读书记》之作者周中孚（号郑堂）的《四库全书存目提要》稿本若干卷。此本他处未有副本，郑堂考订之严正，学人间早有定评。我虽未能窥其详细内容，但相信其为精深之著作。上海医学书局出版的《四库全书提要叙笺注》，可为童蒙教科书之用。其他报纸杂志所见《四库全书》（含《四库荟要》）及相关

《四库全书提要》的文章，今则略去，不予揭示。总之，我所列举的《四库全书》及相关提要的后人所作的贡献，尚需与此相关的更为详细确实的调查研究，将来以《四库全书》为中心的续辑提要的纂修，无疑是为了其他所有事业，最为紧要之事。又，我深感对《四库全书》及其相关提要的价值要作正确的理解，就有必要对《四库全书》及其相关提要的诸家著述展开上述调查与研究，并作出正当的批判。

三、杭州、宁波、慈溪、余姚、绍兴

八月五日上午九时，由上海经沪杭甬铁路发向杭州，下午一点到达，投宿车站前的城站旅社。访余绍宋、叶瀚。叶氏不在，余氏病中知我来甚喜，扶病出见。我和余氏相识于北平，已四年不见。六日早晨，再访叶瀚，一年未见，款谈二小时，甚快适。访马浮。下午四时，回旅社。叶瀚①强撑病体来访，在西湖畔的楼外楼招待我，相约明春北京再会后辞去。七日，通过张元济的介绍访吴士鉴于其学官巷宅邸，家人云其卧病四年，未有一刻快适，此时病患因暑热尤其沉重，即便亲戚也不能晤面，乞赎失迎之罪。访其亲戚丰华堂藏书之主杨见心，听其详述吴氏近况及藏书之缘起。钞吴昌绶《丰华堂藏书记》，又承看玉版《御制文渊阁记》

---

① 按文意，此处或为余绍宋。——译者

一函及紫光阁画像两幅。下午至文澜阁及西泠印社，因新任浙江图书馆馆长尚未到任，未能参观文澜阁及图书馆。下午四时，归旅社。八日早晨，出旅社渡钱塘江，八时由江边乘汽车到绍兴站，投宿城内新旅社。访姚振宋子，竟不知其所在。作为书肆今古书店的主人，徐仰之虽常往来于杭宁之间，通晓此方之事，今亦不在。巡访数处书肆，一无所购。九日早晨，至五云，乘汽车到曹娥江，经沪甬铁路发宁波。上午十一时到，住甬安旅社。午后一时，到天一阁。巡览各书肆后，访冯贞群。恰与从北平孔德学校校长一职任上辞职返乡的马廉邂逅，询问往访现居象山的陈汉章氏的路程。时有暴风雨警报，回旅社钞写《天一阁现存书目》。十日，访归宁中的张之铭。中止象山之行。《书目》钞毕，午后一时离宁波。午后二时，到达慈溪。下车访北门头之杨逊斋，四时，发向余姚，到余姚后，投宿余安客栈。欲访周巷之柳铸，但城外四五十里因昨日风雨，道路不便，旅程紧张，遂不得不放弃此计划。十一日上午九时登车，在曹娥江下车，乘汽车到五云，再换车到钱塘江边，渡江到闸口，入杭州城内，到浙江图书馆发行所等处，六时登车，夜十一时到达上海，投宿神州大旅社。

（一）杭州、宁波间的旧学者

吴士鉴，字絅斋，钱塘人，其传详《含嘉室自订年谱》，现住杭州。吴氏昔日曾诟病《晋书》之缺略不备，遂发愿撰写《晋书斠注》，经三十年而草稿渐富，后得乌程刘承幹协助，民国十六年完稿，付梓于北平，今年遂得见其书。《晋书斠注》凡一百三十卷，此书出版已经数月，尚未听到学者对此书有所评论。卷首有吴、刘两氏所写长篇序言，详述编纂要旨。吴氏还将《晋书斠注》若干卷及《补晋书经籍志》四卷作为《含嘉室旧著》刊印行世。吴氏求校史资料于金石，每见一碑即参考其史事，撰写跋文，著有《九钟精舍金石跋尾》二册（宣统二年刊）。

叶瀚，字浩吾，杭县人，今年七十九岁，往年曾在张之洞幕下，与钱恂、辜鸿铭、王观年等一起颇受重用，然与张氏意见不合，光绪二十七年前后在上海创设速成师范学校，开校三年，其毕业生多赴日本留学，与当时留学欧美的主张相对，开留学东瀛之先河。后去云南，东渡日本，终为北京大学延聘，主讲中国美术史近十四年，撰有中国美术相关书稿甚多，却一本也未能刊印。我邦如中国美术研究者大村西崖氏从其获益处绝不在少数。去年以病归杭，为浙江大学教授，其淡泊生活颇遭门弟子同情，据说南京教育部不久后会因其对学术界的卓越贡献，将给其特别编修之名义，资助其研究与生活，希望其完成美术史。

马浮，字一浮，住杭州，闭门谢客，在武林学者中声名籍著，我因余绍宋等恳切介绍，得以见面，想来或属异数。其貌长髯丰颊，问其年纪，正五十岁。与他谈话，他说，"汉学即六艺之学，其中有儒家之学，如董仲舒、刘向之属。有经师之学，如马、郑之属。有博士之学，如今之大学教授介入此类所谓俗学之属。清人的学术唯有博士之学，远不及经师之学。清代最高的学问在汉代则属末流，不能称之为儒家。汉代以后的学问，余分为四派，即王辅嗣开辟的玄学、鸠摩罗什的义学以及禅学、理学是也。我初治文学，次为考据之学，中年以后专究义理之学"云云。从以上谈话可窥见马氏学术之一斑。其著述均未刊印。他在乙丑即民国十四年《通志堂经解》中选取影印赵顺孙的《四书纂疏》，其卷末有长篇考跋文字，详述其治"四书"之法，足以了解马氏学术之大概。

余绍宋，字越园，浙江龙游人，现住杭州。数年前以在北平从事书画之学闻名，曾在北平编印《书法要录》十七卷，作为创始研究中国画学的忠实考证方法，颇受好评。余氏尚有不满意处，最近补订并交由中华书局出版。另有名《中国画学目提要》一书，北平图书馆希望将其付梓出版。余氏五十余岁，来杭以来，时令不适，时常患病，今仍卧病之中。

陈汉章，字伯弢，象山人，现归老象山县东乡，专事著述。

往年为北京大学史学教授，后转南京东南大学，去年引退。著有《辍学堂初稿》若干卷，又撰刊《象山县志》。今日已有其史学的论文编刊，当为学藻端严，尤可敬佩的学者之一。

杭宁间以老学闻名的还有杨逊斋及范铸二人。我访问杨氏于慈溪，知其辞去北京京师大学教授归乡后，优游自适，似无其他考据专书，我曾在京师大学偶见其关于史地的讲义。年七十。

范铸，初名文荣，字寿金，号柳堂，年七十六。究心于史地之学，著述颇富，却未有一本刊印，我也未见到其著述目录，只获赠一册诗集，其著述目录俟再查寻。

浙江省原为当今学者之渊薮，然退隐乡间泉林间专心著述读书之老学，当下竟似不多，遑论后学。以在南京的绍兴蔡元培、在上海的余姚章炳麟为首，杭县马叙伦（字夷初，现北京大学教授）、鄞县马裕藻（字幼渔，现北京大学教授）、马衡（字叔平，裕藻弟，现北京大学教授）、马廉（字隅卿，裕藻弟，北京孔德学校前校长）、吴兴沈尹默（北平大学校长）及沈兼士（北京大学教授）、海宁赵万里（北平图书馆）、吴兴沈维钧（字勤庐，苏州东吴大学教授）、瑞安邵瑞彭（字次公，河南大学教授）、海宁陈乃乾、象山周珤（字迪斐，上海沪江大学教授）、瑞安陈准（字绳夫）等浙省出身的国学界人才，却都活跃于各地，尚未列举殆尽。

（二）天一阁、耕余楼、丰华堂之现况

八月九日，我到宁波，首先探访天一阁。建筑保存完好，使人生出今昔寥落的思古幽情。园木亭池虽稍有荒废，犹存旧观，阁上二楼为书库，楼下四楹配有几案，多挂联句。榜示之文云"子孙无故开门入阁者罚；不与祭三次，私领亲友入阁及擅开书橱者罚；不与祭一年，擅将藏书借出外房及他姓者罚；不与祭三年，因而与押事故者，除追惩外，永行摈逐，不得与祭"，对所藏图书的严峻家规，由此可见一端。范氏一族住在天一阁隔壁，家长筱宝为八十二岁老翁，家中稍通文字者范佐乡，家中事务悉数委任之。去年十月二十日，浙江省教育厅派杨铁夫、胡显等人，用一天的时间调查现存书目报告，报告书登载藏书九百六十二种七千九百九十册，其中足本三百一十种，余皆残本。宁波市长杨子毅将此书目刊载于市政月刊，申明保存，同时摘要寄送备忘录给范佐乡。按天一阁为明嘉靖进士、兵部侍郎范钦字尧乡的藏书之所，位居四明藏书之首，自不待言。乾隆中开四库馆，下诏征求天下遗书，其裔孙懋柱者，选择其中六百二种进呈并受恩赏。又派大臣在其家考察其藏书方式，以作天禄琳琅阁登记藏书之示范。嘉庆间，阮元刊布《天一阁书目》，收书凡四百九十四种，五万三千七百九十九卷，碑目凡七百六十四种，蔚为大观。其藏书除太平天国及民国革命战乱，两度散佚外，近年因扃鐍稍疏，陆续被盗售，日渐散亡，以迄于今。我来宁时，也在等待北平图书馆赵万里前来，正有马廉、冯贞群等数人与范氏交涉，看阅阁中藏书，据云其严守家规，终未允开阁。我从冯贞群氏处借钞得《天一阁现存书目》，尤多明版方志，足本亦多。

冯贞群，字孟颛，现住宁波水凫桥。其先人以藏书知名，殿版《古今图书集成》曾收录其所藏书七部。又光绪间上海同文书局影印殿版《二十四史》亦为冯氏所藏，坊间有冯氏耕余楼之图书印者，即其旧藏本。现耕余楼近二十年来在宁波及其附近求购有关地方书籍者甚多，亦多收钞本，价格据称在二万元，然尚未得良贾。

八月六日，我于杭州卧霞庵访丰华堂主人杨见心。见心，字建新，年近六十，其云丰华堂藏书系其过去三十年间在北京、苏杭间收购图书并加上其先人雪渔所藏，以清人著作为主，明版书较少。又云，"吾杭藏书，以丁氏为最，我次之，徐东海或次于我（按徐氏名则恂，号允中，青田人，民国间任水警厅长时勤于购书，刊有《东海藏书楼书目》，其中各省通志及浙省各县志尤为完备）。丁氏八千卷楼藏书大部分已归南京龙蟠里图书馆，我家藏书亦售与清华大学图书馆，徐氏东海藏书也于前年为东京购去，尔后吾杭竟已无藏书家。我藏书凡三千种八万册，价三万元。窃思我父子思想不同，所学、嗜好亦不同，长久为个人所藏，甚无理由，即决意售出，似无遗憾"云云。我又钞写吴昌绶的《丰华堂藏书记》。八千卷楼在头发巷，丁氏后人现任上海中华书局编辑部勤务。又孙康侯，其先人孙仰曾开有寿松堂，为杭州六大藏书家之一。乾隆南巡时曾献书一百余种，均入四库，受赏《图书集成》一部。现只藏有宋刻《名臣琬琰集》。康侯善书，今年六十四岁。寿松堂在林司后，又徐氏东海藏书楼在雄镇楼。

四、苏州

八月十一日夜，由杭州归上海，十二日上午十时，发苏州。下午一时到，住城外苏州饭店。赴沧浪亭图书馆即江苏省立苏州图书馆，见馆长陈定祥及馆员陈华鼎。陈定祥，字渭士，学古堂出身。陈华鼎，字子彝，今春赴日视察社会教育。由华鼎导览，参观该馆图书室。归宿。十三日早晨，访金天翮寓。同访王佩净，见其藏书。又经佩净向导，访许博明并见其藏书。又访吴梅。晚间归宿。十四日，与佩净访王欣夫，见其藏书。与欣夫、佩净游怡园并饮茶。下午六时，金天翮、王佩净招于农场菜馆，与会者有许博明、潘博山、顾起潜、王欣夫、钱箋等。十五日晨，访许博明。访王欣夫后俱往访曹元弼，持杨锺羲介绍信。曹氏中暑，已卧床不起数日，只能他日再会。访陈渭士数人后辞行，巡览城中各书肆后归宿。十六日，由苏州发镇江，九月九日晚八时，由南京返苏，投宿苏州饭店。十日，访王佩诤。欲再访曹元弼，因其病重而不得晤面，渠云待稍愈当寄信杨锺羲致谢。晚八时，登车向上海。

（一）曹元弼（及元忠）、王同愈之近况

吴中亦作为学术闪耀之地，学者辈出，近二三十年物故者有潘祖荫、吴大澂、江标、王仁俊、杨岘、叶昌炽、顾文彬、费念慈（流寓）、郑文焯（同上）、曹元忠等。现健在有曹元弼、王同愈、孙德谦、章钰、胡玉缙等耆宿。或云苏州学术至冯桂芬而大备，余皆大体长于编述，冯氏《说文段注考正》十六卷（民国十七年上海蟫隐庐影印稿本），相较其他许学诸书，尤称佳制，自不待言。苏州学术至冯桂芬而大备之说，值得倾听。又苏人长于著述编纂，亦可征诸事实。虽说近数十年来鸿儒硕学辈出，健在老学又不少，为他地所不及，窃以为是其淳厚地方风纪使然。据王仁俊著述目录，似遗稿颇多，但所举多未成稿。其遗稿大部分在其子俊贤处（王俊贤现在北平）。

叶昌炽著有《语石》及《奇觚庼文集》,《札记》赖王某之助当会在上海大东书局影印。

郑文焯的著述目录及年谱,我曾经稍作介绍。

我得到吴大澂《古籀遗文》和吴氏刊印该书所用的稿纸。某云此书刊刻数页后便停刊,此事有待再考。我与孙德谦曾在上海见面,拟赴天津访问章钰,兹就曹元弼及元忠、王同愈所闻记录如下。

曹元弼,字叔彦,吴县人,前清恩科进士。光绪间受张之洞聘为湖北两湖书院山长,又为存古学堂经学总教。辛亥革命起辞归,心机寂寥,又患眼病,闭门谢客。现年六十四岁,颇为衰老,且苦于屡屡患病。然著述不曾稍有懈怠,因眼病无法翻书,执笔全凭往年记忆,据云其自书如拳大字,付钞胥整理,编著成书。有二兄,长兄元恒以名医著世,后为光绪帝征召。曹氏本世代行医,及于四世。次兄福元,任河南巡抚,已辞世,谥文悫。著有《华萼交辉阁集》若干卷。兄弟三人为医、官、儒巨擘,人皆称为异数。叔彦无子,福元之子过继之。其《复礼老人所著书》记有:《周礼郑注笺释》二十六本、《周易集解补释》十七本、《周易学》四本、《礼经学》七本、《孝经学》一本、《礼经校释》十本、《复礼堂文集》六本、《经学文钞》三十本,据闻其著稿之多,几至盈筐，皆少年所作，不欲人问。《周易学》《礼经学》《孝经学》系其"十四经学"之三种，又已完成《周礼学》《孟子学》《毛诗学》等稿，待刊。据说还有四十余年的日记，五十岁以前的日记内容多为其讲学之记录。

曹元忠，字夔一，号君直，屡试不第，光绪末任玉牒馆汉校对官，受王文恪命检阅内阁大库之书籍，考订宋元旧本，大库归学部后任学部图书馆纂修。光绪三十四年，任礼学馆纂修。革命后居家，与朱祖谋、邹福保、叶昌炽等往来讲学。民国十六年病卒。其著有《赐福堂诗词稿》四卷、《笺经堂文集》二卷、《宋元本古书考证》四卷、《学志》二卷、《顾王黄三儒从祀录》三卷等，皆未刊。已刊书中，我过目者，不过《司马法古注》三卷、《附音义》一卷（光绪甲午春曹氏笺经室开雕）、盛宏之《荆州记》三卷（光绪癸巳开雕，笺经室丛书）、《乐府补亡》（光绪辛丑开雕，云瓿所著书第五）及《礼议》的数种而已。《荆州记》为最年少时作，此书有光绪二十七年重刊本，辑入《移山堂丛书》。《礼议》数十篇为宣统年间为礼学馆纂修时所作，不久因逢革命，依刘承幹，付梓刊行。《笺经室所见宋元书解题》系其在内阁大库校订图书时之随笔，尚未有自刻本，人多借钞之，遂以钞本流行，最近由《江苏省立苏州图书馆馆刊》辑印。君直为叔彦

（名元弼）的同祖兄。

王同愈①，字文若，现住南翔。著《说文检疑》若干卷，尚未分卷统稿中。藏有宋本《文选》，系五臣注本，盖为海内孤本。李木斋又藏有五臣本《文选》之宋钞本，然此钞本不过为数十年前钞写，当不过百年，或是钞写自王氏藏本？有必要再考。顾起潜，字廷龙，吴县人。精甲骨文字，为同愈弟子。

（二）曹门之金天翮、吴梅、王欣夫、王謇

前驻日公使汪荣宝，字衮甫，研究小学，善修辞。曾著《法言疏证》十三卷，宣统辛亥印行，最近更事补改，易名为《法言疏义》出版，现商务印书馆正在印刷中。弟东宝，字旭初，亦通小学，善诗词，南京中央大学教授。与现居苏州之金天翮、吴梅、王欣夫、王謇同出曹元弼门下，皆为笃学笃行之士。

金天翮，字松岑，尤精深于史地之学，嗜好旅行，撰游记之文甚多。小说《孽海花》虽为曾朴所著，但前二回系金氏作，又全书创意大体为金氏所发。

曾朴，字孟朴，江苏常熟人，实为《补后汉书艺文志》一卷、《补后汉书艺文志考》十卷（光绪乙未刊）的作者，据云现在上

---

① 原文误作"王季烈，字同愈"，别处同。——译者

海白克路开办《真善美》杂志社。

吴梅，字瞿安，吴县人，往年曾在北京大学讲授曲学，后归苏州，今在南京中央大学及上海光华大学讲授曲学。其对曲学之精深及贡献，不待我赘述，其人亦极诚挚旷达，为友生素所敬服。

王欣夫，王宝莹侄孙，秀水人，上海圣约翰大学教授，著有《黄荛圃年谱补》，已刊。《惠定宇年谱》，未刊。王氏读书时将原书眉上所记文字摘录，得读书杂志数十卷，又辑得黄荛圃诗五六百首。富藏书，尤多清人考据之书，示我以程际盛《周礼故书考》、瞿灏《无不宜斋稿》（诗集）、赵坦《保甓斋全集》、康发祥《三国志补义》等，近将严可均《铁桥金石跋》四卷单行印刷，嘉惠学者，此为《铁桥漫稿》十三卷本之卷九、十、十一、十二四卷。

王謇，字佩净，吴县人。现东吴大学教授，尤精金石目录之学，兼通吴中掌故。又多藏书，有关清代学术及金石掌故似尤多。刊有《宋平江城坊考》五卷、附录二卷（吴中故市考、吴中氏族考补），此书据苏州府学平江图碑，网罗志乘金石而编成，允为佳作，我携带为个人自编的访书目录。其中有王氏以往个人收购之书，如严蔚《春秋内传古注辑存》、沈钦韩《幼学堂文集诗稿》（卷一之八文，卷九之十七诗）、许瀚《攀古小庐杂著》、雷学淇

《亦嚣嚣斋校订夏小正》、陶梁《词综补遗》（凡二十卷，郑文焯藏本）、吴翌凤《与稽斋丛稿》、庄械《蒿庵遗集》十二卷、《文集》八卷等。上记金、吴及二王诸氏，皆此地望族，生活富裕，似有万卷藏书，唯吴梅过着书生般之简朴生活，看似自乐于自家小天地中。

（三）博山滂喜斋和许博明之怀辛斋

此地的私人藏书家有潘博山和许博明。潘祖荫，字伯寅，吴县人，咸丰进士。收藏图书金石，富甲吴下。如宋刻《金石录》、宋刻《白氏文集》残本、《后村先生集》残本、《淮海居士长短句》等士礼居旧藏的北宋刊本，又如北宋本《公羊春秋何氏注》一册，亦是人间罕见珍本。其藏书处称滂喜斋，每见一书辄为解题，编有《滂喜斋读书记》二卷及《滂喜斋宋元书目》一卷。近年来，叶昌炽寓居此斋，仔细校订其珍本秘籍，原《滂喜斋读书记》二卷，经叶氏增订为三卷，改名为《滂喜斋藏书记》，书版已刻成，因某事而久未印行，其后海宁陈乃乾将之在上海排印发行，其序言中对潘氏后人有颇多诬诘。对此，文勤公之从孙承厚（字博山）、王季烈作序及自作跋文出版，叙述此书刊印缘起。八月十五日，我访博山于滂喜斋（南石子街十四号寓），王同愈弟子顾起潜亦在座。当时所示善本记录如下：《春秋经传集解》三十卷，南宋本，前序钞补。《新雕云斋广录》八卷，附刊《云斋广录后集》，有玉兰堂、季振宜印。《后山居士文集》四卷、《诗》二十卷，南宋本，有晋府印。《王仲初诗集》八卷，明初活字本，汲古阁主人精校，每句读用⊜，甚奇也。《陶渊明集》十卷，李公焕原刻南宋本，《四部丛刊》以此本为底本重印，天禄琳琅旧藏本。此皆博山新购得，原《藏书记》当然不载。顺言之，博山亦有藏书癖，年三十左右，为敦厚之人。

许博明，曾留学日本学习法律，现经营银行，颇嗜藏书，在苏州当仅次于潘氏，名其居曰怀辛斋。我在其书楼随手披览，有宋活字本《刘子》，黄荛圃跋，此书有影印本。又有宋本《九经直音》、宋本《礼记白文》、元版《东莱先生标注三国志》、明万历版《华岳全集》，卷首有曹士抢大顺初年识语。又钞本有《类聚名贤乐府群玉》（天一阁旧藏）、《古易世学》（同上）、明钞《诗品》、汲古阁钞本《词海评林》等。又有《吴兔床日记》原稿十二册，此皆偶尔看到并记录。苏州学者中本多藏书家，近年物故者，如潘氏滂喜斋、吴大澂、王仁俊、叶昌炽、江标及客寓此地之郑文焯、叶德辉等。

（四）学古堂同学存殁及其近况之调查

我试着根据学古堂日记中所见的名录，向本次在苏州见面的该学堂同学打听他们的存殁及近况，得知已大半辞世入鬼录之中。不详其是否健在及现住何处的情况也很多，只好暂为存目，以俟他日再调查，这不仅仅为好事者提供掌故，如果不记录下来，其中某些穷居研经的如于香草这样的潜儒就会谢世而无法保存著述。当时有外课生、内课生之别，内课生起居学习都在学堂。长洲费廷璜作有《思旧诗》十四首，追念已经故去的十四位同学。

顾树声，字九皋，元和人，附生，存亡未详。

许克勤，字澡身，海宁人，优廪生，已卒，精易学。

余宏淦，字夔钦，昆山人，附生，已卒，著《长江险要图说》。（内课生）

郏鼎元，字勋伯，元和人，附生，离学堂后至南洋大学学习外国文学。已卒。（内课生）

张一鹏，字云博，元和人，癸巳恩科举人，曾任司法部副部长，现在苏州做律师。（内课生）

申濩元，字辛簠，元和人。

徐鸿钧，字圭庵，吴县人，附生，数年前卒于湖南。（内课生）

钱人龙，字友夔，吴县人，优廪生，曾任金华县等知事，数年前卒。（内课生）

杨赓元，字良孚，吴县人，甲午科副榜贡生，曾任职财政部，

现在北平。(内课生)

凤恭宝，字永叔，吴县人，优廪生，现在北平，曾任职外交部。(内课生)

陆炳章，字菊裳，太仓人，州附贡生，巧于骈文，有诗集未刊，做律师，已卒十余年。(内课生)

夏辛铭，字颂椒，嘉兴人，廪生，已卒。

于鬯，字醴尊，南汇人，优廪生，丁酉拔贡，著《香草校书》凡六十卷。此为于氏校经之作，从形式看，虽类似高邮王氏《述闻》、德清俞氏《平议》，但其校勘之专精，似很难与王、俞二氏遽定甲乙。卷一至卷四《易》，卷五至卷八《书》，卷九、十《周书》，卷十一至卷十八《诗》，卷十九至卷二十五《周礼》，卷二十六至卷二十八《仪礼》，卷二十九至卷三十三《礼记》，卷三十四至卷三十六《大戴礼记》，卷三十七至卷四十三《春秋左传》，卷四十四至卷四十六《国语》，卷四十七、四十八《春秋穀梁传》，卷四十九、五十《春秋公羊传》，卷五十一《孝经》，卷五十二至卷五十四《论语》《孟子》，卷五十五、五十六《尔雅》，卷五十七至卷六十《说文》。此书刊本坊间甚为难得，据说刊印部数很少，于氏在上海的后人把少数保存下来的此书在上海一部部地售出换钱和米。又，此书缺卷四十三至卷五十四十二卷，曾经刻版，但于氏后人缺少印刷资金。据说上海某氏曾得一部校正红印全书，但因遭水浸文字模糊，遂难以卒读。又近来上海大东书局有读书太忙生者，敬服于氏的学问，推想除《香草校书》外还有其他几种遗稿，正在收集之中。

费祖芬，字继香，吴县人，优附生，已卒。

蒋元庆，字子蕃，常熟人，优廪生，丁酉拔贡，现住常熟，性喜诙谐。（内课生）

□惟和，字子衡，奉贤人，现住奉贤三官堂，曾任铁道行政。（内课生）

□任，字榖远，常熟人，已卒。

陆锦燧，字晋笙，长洲人，癸巳恩科举人，现在苏州行医。（内课生）

王颂清，字卿月，元和人，廪贡生，已卒。

董瑞椿，字楸堂，吴县人，癸巳恩科副榜贡生，曾长期任职学部，文笔声誉甚高，后在文明书局从事日文教科书的翻译与编纂。已卒。（内课生）

包锡咸，字熙士，吴县人，癸巳恩科举人，卒。

费廷璜，字玉如，现在苏州太平巷做律师，著有《小谟觞馆骈文补注》。（内课生）

吴寿岛，字子珺，吴县人，优增生，学古堂算学斋长，卒。（内课生）

陈定祥，字渭士，新阳县人，廪生，丁酉拔贡，著《路道论》《黄陶楼年谱》《成唯识论显诠》，皆未刊。现任江苏第二图书馆馆长。（内课生）

孙同康，字师郑，常熟人，恩科举人，恩科进士，翰林院庶吉士。原京师大学堂教授，现住北平西砖胡同，其著除《师郑堂集》《郑斋汉学文编》《荀子校释》《论语郑注集释》《师郑堂骈文》外尚有数种，其《论语郑注集释》未见，今年六十二岁。

孙德谦，字受之，号隘庵，元和县人，现在上海（有关孙氏可参前述）。

俞武功，字梦池，吴县人，现在苏州。

孙宗弼，字伯南，吴县人，现在上海。

管尚莹，字汝玉，吴县人，现在苏州。

张茂炯，字仲清，吴县人，曾长期任职盐务署，现在苏州。

五、镇江、扬州

八月十六日上午十时登车，下午二时抵镇江，入住五洲大旅社。下午四时，民政厅访胡朴安。十七日早晨六时，到江边乘邮船，十时出发，下午五时到扬州，投宿绿杨旅馆。江边浸水及数尺，当夜大雨，市民惶恐。十八日，访孙思昉于绥靖督办公署，又经其介绍，访程善之、陈含先、陈赐卿。又访洪棣臣。参观旌忠寺昭明太子文选楼、太傅街隋文选楼及阮公家庙。欲访清溪书屋，竟不详其所在。十九日，河水暴涨，不可溯流至高邮、宝应，且有大水来袭之街头传言，仓促间乘邮船离开扬州。

（一）胡韫玉及扬州的老学

我于八月十六日赴镇江，在江苏省政府民政厅拜访民政厅厅长胡韫玉。韫玉，字朴安，安徽泾县人。著述甚富，除《朴学斋丛刊》《六书浅说》外，其长短篇见《南社丛选》（全书十二册）及《国学汇编》三集之中。早年作为《国粹学报》投稿人之一，朴安还召集革命志士及文学之士，发行南社社集，为南社同人。现安徽一省在国学界的知名学者，有胡适、吴承仕和朴安三人。其他虽有姚永朴及永概、吴闿生之桐城派，却属不学无术之文辞派，或可以例外视之。按，安徽一省亦清学极盛之地，绍继戴震、江永两经师之流风，即所谓徽州学派，却遭太平天国而破散，今日竟一蹶不振，除歙县吴承仕、绩溪胡适、泾县胡韫玉外，再难觅其他读书种子，徽州人才凋敝如此，谁都不能不发出饮水思源的感慨。我问朴安贵省现在的朴学者除上述三位外还有谁，答尚有徐乃昌、黄宾虹。朴安之弟怀琛，字寄尘，现在上海某大学。

回顾出身镇江的国学界人物，当下似不少。老辈有马良，字湘伯，今年九十余岁，乃以《马氏文通》而著名的马建忠之兄。现住上海。柳诒徵，字翼谋，现为南京龙蟠里江苏省立第一图书馆馆长，史学家。陈邦年，专攻历史，尤精甲骨文。叶玉森，精甲骨文，又善词章。赵元任，现在清华大学研究院，专攻语言学。马、柳、陈、叶、赵诸氏，皆镇江出身。

现任扬州绥靖办公署秘书长孙至诚，字思昉，曾师事章炳麟，嗜好文艺。著有《化鹏室文录》及《逍遥游释》。因其尊重此地旧学，努力与其交谊，我得以在思昉的介绍下，历访扬州诸位耆宿。

陈延桦，字含先，仪征人，作为李审言的好友，其文选学造诣收到审言的赞许。对我说审言遗事甚详，且云审言子嗣忠实保存其父的遗稿，有弟子二人，一为蒋国榜，现在上海，曾为审言印行《学制斋骈文》。另一位是周官懋，住扬州东郊之宜陵镇。他认为二人应该校刊老师的遗稿，决不似我友刘申叔之身后，云云。而追忆到申叔即刘师培时，详述其遗事，不禁泫然泪下。含先曾有大作《述乱赋》，在当时文士间享有盛誉。

陈懋森，字赐卿，善文辞，其学或属词章一派。今年六十，作孙思昉寿文，其中列举扬州硕彦，叙述其文藻。赐卿在前清任官法部，民国时曾任河南项城县知事，归乡后主持乡学至今。

洪棣臣，扬州人，为心胸无碍之老学，虽处陋室，傲然自足。自谓衰年多病，构思惟艰，一无所著。虽有少年所作，未克整理，有诗稿数册，杂文数十篇云云。今河南大学校长许心武、北平辅仁大学教授尹石公等，皆出其门下。

程善之，扬州人，年近五十，旧南社同人，长于议论文。思昉在陈赐卿六十寿序中云"能古文主庐陵则陈赐卿先生，浸淫马班则戴子筑公，工钟鼎篆法则陈子含光，博识阅览喜考订则朱子菊坪，治内学则周子湘亭，为诗词则王子叔涵"。周钰，字湘亭，与戴筑公来我寓所造访。

（二）刘师培、李详之学藻

我西渡燕都时，刘师培（字申叔）仍在北京大学讲坛。其音容仿佛犹在，我素敬慕其学藻，悲其人才之不遇，弥切瞻企，常以搜集其佚文、遭际其友人、探听其遗事为乐。本次游历，我知道南华的善士们和我一样，对刘氏的遭遇感慨万端。我雇船下扬州时，一田夫见我是读书人，问我是否认识刘申叔。我惊讶问其何有此说，答曰有名的学者。乃知刘子虽死犹生，遗范永垂人间。我又仰慕李详（字审言）学问已久，一度以瞻仰其丰采为乐。杨雪桥为我修书殷勤介绍，不料我出北平前数日即接其讣音，不堪叹息。我听闻对他逝去极其悼惜的友好及后学很多，惊叹其流风所及之广。兹述两位硕彦传略，并列举其著述书目。

民国八年十一月二十日（阴历九月二十八日），刘师培卒于北京，年三十六。时因北京大学教授之身份，校长蔡元培亲自治其丧事。翌年二月，门人刘文典奉命送归其灵柩至扬州，某月某日葬于仪征先茔。师培曾祖父文淇，祖父毓崧，父贵曾，家学渊源，自幼便以神童目之，博览群籍，过目即诵。其研精覃思，专事著述，竟染沉疴，肺患尤剧，终倾尽毕生精力著述而毙。其间曾二度游日本，又从端方住武昌、金陵，后同赴成都讲学，教泽遍及全国。曾欲往泰西留学而未果。其夫人何氏，有一子一女，皆殇。师培卒世之次年，夫人亦发狂而死。其著作不论已刊未刊，在圹息之际，蔡氏等均封藏于北京大学半载有余，后由弟子陈钟凡、张煊、刘文典、许本裕、薛祥绥、俞士镇等共同检查，钞写为《左庵遗书总目》，除去其中两三种后送交刘师颖。师颖为师培族弟（贵曾弟富曾之子），其次子葆楹过继给刘师培。兹将仪征刘氏世系及从师颖处所借钞之《左庵遗书总目》揭示如左：

现仪征刘氏文淇之后仅存师颖、师慎、葆儒、葆楹、葆中、崇儒七人。而除师颖、师慎外余皆属年幼。我从师颖处钞到文淇至师培的各人墓志。又师慎现在上海经商，师培子嗣葆楹亦与其同居。其处藏有师培之稿本。又，关于清溪书屋藏书，外间一般相信乃因刘师培散佚，今实仍藏于扬州旧宅。

仪征刘氏世系

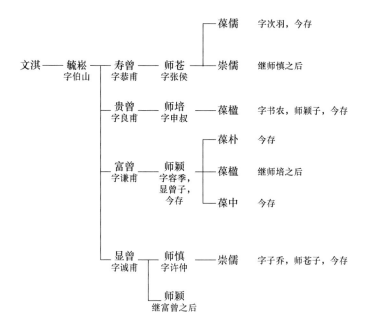

左庵遗书总目

仪征刘师培申叔遗著

  陈钟凡、许本裕

弟子　张煊、薛祥绥　　检钞

刘文典、俞士镇

第一函

子类　共十八种

第二函

经类　共十一种

第三函

杂著　共七种

第四函

残　共五种

第五函

文　百三十四首

第一类

《老子斠补》

《庄子斠补》

《墨子拾补》上下卷二册

《晏氏春秋斠补》上下卷二册

《晏子佚文辑补》一卷

《荀子斠补》五册　已刊

《荀子佚文》一册

《韩非子斠补》一册

《贾子新书斠补》上下卷二册

《新书遗文辑补》一卷

《杨氏法言斠补》一卷

《法言逸文》一卷

《白虎通义斠补》上下卷二册

《白虎通义阙文补订》一卷　铅印本

《春秋繁露斠补》

《繁录遗文斠补》

《楚辞考异》十五卷一册

《白虎通义定本》二册　刻本有序

第二类

《春秋左氏传古例诠微》一册

《春秋左氏传例略》一册　已刊

《春秋左氏传答问》油印本一册又钞本二册

《春秋左氏传时月日古例考》一册附序目

《周书补正》六册　已刊

《周书略说》一卷　已刊

《两汉周官师说考》二卷　已刊

《周礼古注集疏》卷七、卷十、卷十五至卷二十　清稿存蕲春黄侃处

《礼经旧说考说》卷一卷二卷三卷四　清稿存黄侃处

《逸礼考》一册

第三类

《毛诗词例》一册

《古历管窥》二卷

《尚书源流考》　原标题阙

《毛诗札记》

《左庵随笔》一册

《左庵经说》一册

《中古文考》

《周礼左氏杂》

第四类

《春秋古经旧注疏谬》残稿

《中庸问答》不全

《国语补音》不全

《国语钩沈》一册

　《非古虚上中篇》　《古本字考》《周明皇考》

《古尚书王服说》《校雠通义箋言》

第五类

《左庵文》百三十四首

李详，字审言，又字窳生，后改媿生，号百药生，晚又改齁
叟生。江苏兴化人，八世祖为明中极殿大学士文定公。审言始就
塾师学诗，唐宗少陵、昌黎、义山，宋宗子瞻、荆公。家贫无书，
从姻家许氏处得汲古阁十七史、《十三经注疏》及昭明太子《文
选》乃读，尤致力于《文选》，屡受黄体芳侍郎、江苏学政王
先谦阁学拔擢，后有一位藏书家厚意，得以披览其藏书。尤嗜
"四刘二研"之学。所谓"四刘"，即《汉艺文志》《世说新语》
《文心雕龙》及《史通》，"二研"即阮元、钱大昕。文章服膺江
都汪中，于汪中《述学》多所笺释。与合肥蒯光典、江阴缪荃孙、
江都梁公约、贵池刘世珩、义宁陈三立、南陵徐积馀等交游。端
方为两江总督，命审言与临桂况夔笙分纂《匋斋藏石记》。沈曾
植为安徽布政使，招审言为存古学堂史学教员，及桐城姚永概、
长洲朱孔彰至，称病引归。审言革命后居上海，江宁蒋国榜（字
苏庵）来入其门下，刊印其《学制斋骈文》，晚年为东南大学教
授、大学院撰修，年老归盐城，藏书于文定祠为审言图书馆，今

年四月三日卒，年七十三。已刊著述有《选学拾渖》二卷、《媿生丛录》二卷、《学制斋骈文》二卷、《游杭诗录》二卷、《丙寅怀人诗》《丙寅游杭绝句》各一卷等。其《拭觚脞语》《药里慵谈》《世说小笺》《文心黄注补正》《颜子家训补注》《杜韩诗证选》《哀南赋注》《述学小笺》等为《国粹学报》及《龙溪精舍丛书》所辑入。余如《李杜集校记》《南朝寺考》、校记日记八十余册等，据云藏其家。

六、南京

八月十九日早晨发扬州，午后一时到镇江，二时登车，三时半到南京，入住中央饭店，下关沿江一带浸水四五尺。二十日，到考试院访陈大斋（字百年，曾任北京大学副校长，现考试院副院长）及冒广生（字鹤亭，精明末历史及清朝掌故，富著述，刊书亦多），剪子巷访奚侗。夫子庙一带浸水二三尺，访陈世宜、胡光炜、黄侃，皆不遇。胡寓在将军巷，水浸五六尺，四十日前水仍未退。二十一日晨七时，见胡光炜，九时，见黄侃。午后再访陈世宜，不遇。二十二日上午，赴龙蟠里图书馆，即江苏省立国学图书馆。馆长柳诒徵归镇江，不遇。王驾吾（名焕镳）引导参观馆内。赴金陵大学，陈长焯引导参观图书馆。因属初建，无所看。午后一时归宿，陈世宜来访。奚侗弟东曙（我旧友，段祺瑞女婿）代兄来访。下午三时再至龙蟠里图书馆看书。二十三日从下关起锚，乘隆和号赴汉口。九月八日上午十一时，再来南京，住中央饭店。至龙蟠里图书馆。柳诒徵仍未归，与赵鸿谦谈。下午三时，至实业部访陈世宜。六时，访王伯沆于仁厚里（在门东外）。过九时归宿。九日早，赴中央语言研究所及中央大学。午后一时登车，去苏州。

（一）龙蟠里图书馆与柳诒徵、赵鸿谦

光绪三十四年，端方任两江总督时，以七万三千余元收购钱塘丁氏八千卷楼藏书，至宣统二年成立江南图书局，民国元年二月改名江南图书馆，二年七月改为江苏省立图书馆，八年改为江苏省立第一图书馆，十六年改为第四中山大学图书馆（后第四中山大学改为江苏大学，又改为中央大学），十八年改为江苏省立国学图书馆。其处金陵名胜之地，该馆于宣统元年竣工，至去年末，藏书二万二千五百部，即四十四万二千三百三卷，不分卷十六万八千三百九十四册，宋版经八部，史十四部，子七部，集十一部，名人稿本十三部，详见《国立中央大学国学图书馆小史》，又刊印有《江南图书馆善本书目》。该馆善本自购入丁氏藏书后二十年，仅有普通书籍增益，几未见善本购入。近期得知购入几种，主要有：王筠《说文句读》第四次自订稿本十五册，柳诒徵校记见《国学图书馆第二年刊》；王筠《说文释例》现行本八册；宋刊《读书记》甲乙集，真德秀撰，甲集三十七册，乙集三十三册；钞本顾炎武《肇域志》十册，为南畿一属之钞写；《论孟集注附考》，刘宝楠撰；《清白堂存稿》八册，宝应王希伊撰。关于该馆刊印书籍及出版杂志，不赘。

馆长柳诒徵，字翼谋，镇江人，年五十三。多年任各大学史学教授，民国十六年七月就任馆长，现兼中央大学教授。著述甚富，其文章多刊于各杂志，在中央大学所讲授的中国文化史讲义三巨册一千余页，系贯通上古至今日之文化史，允为力作。柳氏主办南京中国史学会，刊行《史学杂志》。同馆主任赵鸿谦，字吉士，亦镇江人。其祖赵彦俌，字君举，号辛庵，劬学深思，亦颇富著述，遭乱散佚，今存鸿谦处有《学小辨斋笔记》《辛庵语》《丹徒碎语》《三愿堂古文》等。鸿谦素有刊印之志，先影印《三愿堂遗墨》二册，又印《诗文稿》若干，有杨守敬、沈曾植等跋。又影印《三愿堂日记》一册（道光二十九年）。日记每年书竟一册或二三册，终身不懈，凡三十余册。据云考据精深、文字谨严，与李缦堂、王湘绮、翁瓶庐三家日记在伯仲之间。鸿谦亦有意续印，以成完璧。我此次南游，正值偶遇近来稀有之水灾，所到之处，如此奇灾似几十年来所未有，各方人士均在深究其因。我从鸿谦处偶读《三愿堂日记》，内中记载距今八十余年前的道光二十年，发水范围与水量与本次水灾略同，汉口尤为惨剧，借此日记的详细记载，可知当时实情。该馆馆员范希曾，字耒研，淮阴人，去年七月病故，年三十一。著有《书目答问补正》五卷、《南献遗征笺》一卷、《评清史艺文志》一卷、《天问校语》一卷等。《书目答问补正》由该馆印行。

（二）陈三立、王伯沆、奚侗及黄侃等

中国诗界元老陈三立现在南京。其常居匡庐以避世乱。诗思尤清健，佳作时流传世间。三立，字伯严，号散原，光绪丙戌进士，浙江义乌人。为吏部主事。著有《散原精舍诗》。其父宝箴任湖南巡抚之际，与之一同参与戊戌政变，失败后，绝口不提政治。今与闽县郑孝胥俱为江西派诗人，同光体诗人之主将。其子衡恪，字师曾，以绘画名世，与金绍城一同致力于中日绘画，不幸中道逝世。在中国画会方面，颇惋惜其人。其弟寅恪现为北平清华大学研究院导师，为劬学敦信之少壮派学者。南京耆儒，尚有王伯沆，江宁人，年六十一，究理学、佛学，又精小学，现任中央大学教授，在此地颇有学名。未有著述行世，伯沆云：著述有可，无亦可，如著述，当为有用之物。若作无用之书，则不过徒耗读书人之耳目，烦劳后生补改。其性旷达恬淡，其学似汉宋兼治。

奚侗，字度青，安徽当涂人。前清附生，年五十五，民国初年任江浦、崇明知事，后辞归南京，隐居剪子巷。原交友虽多，近来则皆断绝往来，为不求闻达之笃学君子。少年时即有从学之志，然独学无友，家中仅有书数架，尤矻矻读之。而后略知高邮王氏、德清俞氏治学方法，更努力考证老庄韩墨孙吴诸子，先成《墨子补注》，次奋力为《老子集解》《庄子补注》，其余皆未完成。《墨子补注》与孙诒让《间诂》多有暗合处，而尤有其独到之见解，本欲将之付梓，丁卯岁在崇明时遭乡里兵灾而沦没。其《老子集解》上下卷有民国十四年自印本。《庄子补注》四卷为民国六年自印本，此书以六书的方式解读《庄子》，往年我尤为此书之见解精深而折服，设想该氏尚有其他校注之佳作。据闻其比年患脑痛，不能多用心力，只能勉强整理残稿，其力作《说文采正》正努力脱稿之时，我从其处得其说一二，大略谓：文字之创制，大略别为三类。一曰象形，如有物实体，则像其形。二曰象意，如有事实体，则像其意。象意中包含六书之指事、会意，故为许氏指事说之察而见意云。一曰象声，一切事物之动作中，不能以形状和意思所表示之物，如"牟，牛鸣也"，"芈，羊鸣也"之类是也。形声一类，皆流俗之人妄加偏旁，以类别人事物，断非仓颉之本意。班固《艺文志》六书为造物之本的说法实在贻误晚生后学。今甲骨文中所见形声之字十有一二，商周金文十有四五，《说文》则十有其八。然当可逆料文字最初则无形声。余《说文采正》对《说文》中之形声文字一一探求其根源，都有本字，云云。由奚氏上述之言，可知其治小学之规模与大纲。

黄侃，字季刚，湖北蕲县人，章太炎门下奇才，后入刘申叔门。申叔殁后再师事太炎，至今日备受太炎之期望。专攻小学，对音韵尤有独到之见解，究《选》理骈文，兼善文辞吟咏。其人颇有奇侠气，亦多惊人之妙论。民国十五六年来北京，后到东北大学，又去南京，现为中央大学教授。其讲学为学生所悦服。著有《文心雕龙札记》等，往曾见其印行。中央大学教授胡光炜，字小石，曾师事沈子培，又与王静安、李审言相识，著《甲骨文例》《金文释例》。其《中国文学史》不足取。

（三）常熟、无锡、武进等地出身之学界人物

我本拟游历常熟、无锡、武进及安徽的安庆、芜湖等地，因彼方出身之国学界人物大多不在此地而散于各地，加之日程短促，故决定终止旅行。

常熟曾朴在上海经营书肆已如上述。苏州东吴大学教授陈旦，字旭轮；上海大夏大学教授孙禅伯，字老禅，皆常熟人。常熟瞿

氏铁琴铜剑楼藏书一半在常熟，一半运至上海，因近来汉籍之海外流出引起中国方面的注意，瞿氏将藏书售与日本方面的消息传给报纸，并将自我声明连同其他有力者的保证一起，闻此时不好与外人见面，我遂停止访问。丁祖荫，字芝生，最近逝世，著有《铁琴铜剑楼宋元本书影识语》四卷，亦常熟人。政治家并思想家吴敬恒，字稚晖；新任燕京大学教授钱穆，字宾四；上海光华大学教授钱基博，字子泉，以及丁福保等，皆无锡人。黄元炳，字星若，专研易学，有《忘我斋学易笔记》三卷、《忘我斋读老庄笔记》二卷，未刊。秦荣光，字炳如，光绪末年殁，其遗著刊行有《养真堂文钞》《养真堂诗钞》及《同治上海县志札记》《上海县竹枝词》，其《补晋书艺文志》四卷相较于文廷式、丁国钧、黄本父、吴士鉴诸氏所著，求诸金石史料，为更见精辑之佳著，然久不见付印。今年其孙翰才将其子锡田之《显考温毅府君年谱》作为附录并印刷，非卖品，秦、黄两氏均无锡人。

关于武进董康、赵尊岳，前已述及。原东吴大学教授，现上海沪江大学教授顾实，字惕生，亦武进出身，以常州学派继承者自任，然见其《汉书艺文志讲疏》，乃空疏敷衍之作，远未能追步蔚然辈出之常州先哲。庄有可，字大久，其稿本今尚存武进庄家。今年其玄孙俞排印出售《慕良杂著》三卷、《慕良杂纂》四卷。

其著述目录见《慕良杂纂》卷首。庄俞，现在上海商务印书馆编辑部，曾就《大久遗稿》全部出版与同馆交涉，该书馆因此事有较难实行之原因而未成，故庄氏企欲自行按部印刷。

七、汉口、长沙、武昌

八月二十五日午后四时，乘船到汉口，呼小舟至日本租界，此地我邦人房屋浸水六尺或七尺，夜晚江上风波骤剧，且江水暴涨，人皆无颜色。晚乘武陵号，翌二十六日晨起锚，二十七日午后二时到长沙，入长沙旅社。访李澄宇。二十八日，访旧识李肖聃。又访李澄宇于湖南省政府，与秘书杨朴园、朱碧松谈。午后二时，耶礼学校访席鲁思，又访罗庶丹。游玉泉街书肆。二十九日，访叶德辉子尚农（字启倬）。李肖聃来访。访杨钧不遇。席鲁思、席阁运来访。三十日，访李肖聃、孙季虞。三十一日，孙季虞来访。往观湖南大学。下午三时，访彭昺不遇。九月一日，李澄宇、叶尚农、朱碧松来访，不遇。午后四时，赴席鲁思招宴。与会者二十六七名。饮酒赋诗，文人高会，一时极胜，摄影后散。二日，访任凯南不遇。访欧阳仲衡。午后欧阳氏来访。夜十时乘沅江号。四日午后二时，到汉口。四时，渡江至武昌。投宿宝华饭店。灾民遍布街头，各处旅馆均无空房，好不容易才得下等旅馆宝华饭店一房。午后六时，访王葆心。五日上午八时，访武汉大学谭戒甫。参观湖北省立图书馆。下午四时，渡江至汉口，乘"太贞丸"号。明六日发船再往南京。

（一）湖南的诸子研究者

我本次游历湘省，遍访其地老学及大学教授，然沉潜经术六艺之学者极少，多为研究诸子之学，有二三种著稿者。此或为一时风气欤？思考其由，一是先辈之启发。即王闿运注老庄墨孙，王先谦著《荀子集解》《庄子集解》，王先慎著《韩非子集解》，郭庆藩著《庄子集解》，平江苏舆著《晏子春秋校注》（曹耀湘在王、郭之前已撰有《墨子笺》等相关诸子著作，详后叙），皆采辑诸家旧说，虽非集大成之总结，却甚便利于学者。大概湖南人的风气即喜好百氏之学，我想他们的兴趣与其说是在考据之学，不如说是在思想文学方面，才导致先秦诸子研究者辈出的局面，这或许是另一原因。兹就湖南学者各人的诸子研究之一斑叙列如下。

（甲）罗焌，字庶丹，长沙人，前清举人，曾在广东经营学校八年，民国初任省政府秘书科长，现为湖南大学教授，讲述诸子学。今年五十八岁。其在大学的讲义为《诸子学述》三巨册，记述颇为精彩。又有《吕子集解》《列子校释》《韩非子校释》等稿，此皆罗氏毕生之力作。

（乙）颜昌峣，字息庵，湘乡人，年六十余，著有《管子校释》若干卷，郭耘桂曾为之序，现闭门谢客校订此书。

（丙）王时润，亦善化人，在乡校注诸子，著有《商君书集解》《尹文子公孙龙子校录》等。

（丁）陈毅，字诒重，湘乡人。有佳著《墨子正义》。叶德辉尝为之序，其文见《北游文存》，颇称赞其卓绝。诒重近亡于天津，闻其遗著尚未出版。

（戊）谭铭，字戒甫，今以字行。湖南湘乡人。现武昌武汉大学教授，戒甫此前出于上海南洋大学，虽曾学电力学，但由于未能留学欧美，遂改治国学，并曾取得军衔，后于民国十七年来武汉大学，专心于周秦诸子之学，因其异常努力，草成著作颇多，并对之益加精研，视其为终生事业，展示了将其著稿大成的气概。尤精墨子，著述书目如左记。

《墨辨发微》《公孙龙子形名发》

《诸子概论》《吕氏辑校补正》

　　以上四种作为大学讲义排印。

《十字说》《论晚周形名家》

　　以上二篇登载于大学季刊。

《颜渊学案》《施龙学派考》

《惠施学案》《文子学案》

《孔老学派考》《老庄学派考》

《荀子正名说》《庄子集解补正》

《庄子读本》《淮南一得》

《庄子天下篇演秘》(此本口语体也)、《文子末议》

《鼎贝为上古古钱币考》

(己)湖南名人刘少少,名鬴和,善化人,近病卒于北京,年五十九。刘氏曾在北京大学讲授周子《太极图说》,著有《新解老》,亦非考证之书。长沙杨树达,字遇夫,著有《老子古义附汉代老学者考》,中华书局印行。遇夫还有《战国策》《韩非子》相关辑校之书稿。又宁乡人钱维骥有《尹文子辑文》。我已收集其他湖南学者的零碎著作消息,当略记之。

我此处叙及现在湖南子学研究之一斑,当可视作当前中国国学界之一事件。我曾考证有关古代湖南之子学,如在古代,尤其注重道、兵二家的演述。宋元以前的著述姑且省略不谈,若举明清之间者,有湘潭李腾芳《孙子说印》、张九铎《孙子评》,衡阳王夫之《吕览释》《老子衍》《庄子通》(三十卷)、王文清《阴符经发微》,邵阳魏源《老子本义》《六韬注》《孙子集注》《吴子注》，善化李文炤《道德经解》、郭金门《参同契补注》等等，不遑枚举。他日我再试为系统记述。

（二）欧阳之钧、孙曷、王葆心的撰述

李澄宇云，有名欧阳仲衡者，虽不显赫，但博闻强识，著有《清儒学案》若干卷。我遂往其寓所访之，得闻其阅历与著述。欧阳之钧，字仲衡，号蚋园，平江人，现年五十六岁，前清优廪生，举孝廉方正科。曾在两湖书院数年，从张之洞、梁鼎芬游。后入岳麓书院及王先谦门，又从杜仲丹学。民国革命后隐居不出，拼命著书。著稿除《清儒学案》凡五十卷、《清经义考》八十卷（仿朱竹垞之例专辑清代）、《群经谭圣》二十卷（仿王石臞父子《杂志》《述闻》之例）、《诸子述诂》十六卷（亦仿《杂志》之例）外，尚有《清宰辅年表》《清督抚年表》《清六卿年表》《清将军提镇年表》《清谥注考》《骈体正宗集注》《论文语汇》等，均未刊。《清儒学案》曾向上海商务印书馆申请出版，该馆则因目前事务多而拒绝接受。我钞得其自序一篇，其序中云"起自夏峰，讫于求阙，列为专案者，得三十有六人。附见各案者，都一千数百余人"。欧阳氏偶述及湘省学术云：我省王船山讲张氏之学，解经兼取汉宋，名竟不彰。及潘宗洛为其作传，始知其人，《学海堂经解》未能刊载一字，《四库全书总目》亦仅收其数部，误作汉阳人。至邓湘皋搜辑其书，曾文正刊印之，船山之名忽为儒林所重。船山殁后，湖南学坛寂然歇响百余年，除理学之李恒斋、文学之余存吾外，再无他者。直至嘉庆道光间，魏默深讲今文学，邹叔绩讲考证校勘之学，吾省汉学始兴。其后曾文正虽为建勋立业之人，然训诂精到，文章卓绝。余如王湘绮、王葵园、杜仲丹、皮鹿门之辈，均讲求汉学。至今日则学术衰颓，甚是惭愧。《清儒学案》约四十卷，因其内有分卷，则当为五十卷。《清经义考》几近脱稿，距付印尚需数月校订也。该氏门生、交友俱无，湖南老学亦无知其名者。孙文昱，字季虞，年六十。蓄辫发，温笃高雅，现为长沙老学中尤受敬仰者。在湖南大学讲授小学。著有讲义《小学初告》六卷，又有《经学概论》。蔚邻之弟。席启驷，字鲁思，席阎运，字式乾，同为湖南大学教授，又同对孙氏学术颇怀敬意。席启驷曾就学于北平，为当年思辨社中最年少者。思辨社同人有洪汝闿、高步瀛、朱师辙、陈垣、陈世宜、吴承仕、杨树达、邵瑞彭、尹炎武、孙人和、李泰棻、席启驷十二人，亦十年前事。该社为学术共同研究之结社。王葆心，字季芗，湖北罗田人，年六十五岁。夙以撰《古文词通义》而知名。《古文词通义》凡二十卷，光绪三十二年湖南官书报局排印，论述古文义法甚详。当时王氏从武昌两湖书院所出，任各处书院教职。

后在北京礼学馆纂修《大清通礼》，又出仕学部五年，革命后居家，近年任武昌大学教授，讲授古文。著作方面，编有说部《虞初支志甲编》，商务印书馆发行。此刻正编纂丙编，近期有望出版。又刊布罗田先哲遗书数种，如《汉阳魏氏遗著二种》《罗田张氏笔记》等。《周氏鲁堂遗稿》八册、《罗田两太史骈体文录》一册、《故知录》一册，共计十册，即将开版。又《姚氏西阿校室学事记》六册亦将付梓。王氏之友周贞亮，亦湖北人，现在湖南大学讲授文选学。曾在北京，多藏书，今则全部售出。善诗文，著《文选学》二册、《昭明太子年谱》。夏绍笙，衡阳人，有汉乐府相关著作。王葆心藏《绮秋阁诗选》二册，一刊本，一钞本，乃绍笙所著。我在长沙曾问其所在，竟不能知，恐已归老故里。

（三）曹耀湘、郭焯莹、黄逢元、孙文昺及叶德辉的遗著

湖南汉学之不兴，诚如欧阳氏所述。按光绪中福山王文敏公上疏制定清儒十三经并付刻（此事我记忆稍有不确），其拟定书目中，唯只缺《左传》，幸有三世治经的仪征刘文淇写定有《左氏传正义》，讵料刘稿已亡佚，今不知其所在，申叔既卒，其家学再无人能绍继。拟定十三经中，无一湘人著述被采辑。由此似可悲叹湘地汉学之式微。然又未可谓之衰颓，或可谓尚未振兴乎？如长沙王先谦《诗三家义集疏》二十八卷（光绪乙卯虚受堂刊）、

皮锡瑞《孝经郑注疏》二卷（光绪乙未师伏堂刊）等佳著，将之比拟陈氏《毛诗传疏》、阮氏《孝经义疏》，或谓远未及之欤？《皇清经解续编》二百零九种系光绪十五年王先谦所编，亦非湖人对汉学之一大贡献欤？纵然欧阳氏认为湘地汉学在二王、杜、皮以后已渐衰颓，然湘潭胡蓟门及胡同声，从陈东塾学，亦有经术。蓟门之子元仪，字子威，光绪乙酉拔贡，有名著《北海三考》六卷（辑入《湖南丛书》中）。同生之子子清，为湖南大学校长，本次专门主办《周礼正义》补刊发行，成就其功。湘阴郭氏之后亦当为有所继承之人士。兹略记未为世人所知者如曹耀湘、郭焯莹、黄逢元及孙文昱的相关闻见。

曹耀湘，字镜初，长沙人。其著《墨子笺》（湖南官书报局排印）虽然阐明大义第一，考证名物其后，但只能称名著，王闿运注庄墨之时，多采用其说。我曾在某书肆见曹氏辑刻之杂著，或一页，或十数页，或一卷。其中曰《阴符经古注》，曰《楚辞远游篇注》，曰《抱朴子内篇卷末》，曰《胎息经注疏》等，凡二十三种，皆刻本。曹氏是否刊刻全稿，或又为何只刻了如此少的各书相关部分？此等详细情况不得而知。关于曹氏，仅知为曾文正所重，后似以曾文正公子孙的业师之身份辞世。盖其学究儒墨释道四家，撰述颇多。我在长沙曾得其著《读骚论世》二卷排印本。

郭焯莹，号耘桂，湘阴人，嵩焘子。卒后数年仍未立传。湘阴郭氏显著者，筠仙侍郎、复初编修，称"二郭"。而耘桂继二郭而起，其著《读骚大例》一卷已自行印刷。《楚辞注》稿本二十二巨册，分《离骚内传》《离骚外传》《屈氏年谱》三部。现存武汉大学教授任凯南处，正在整理。又有嵩焘、耘桂父子手批本及日记，现略为整理，影印《嵩焘日记》，手批本中有关《史记》《管子》《庄子》（用王船山本）、《楚辞》尤多，据云《郭氏读书札记》亦当出版。任氏学政治于英国，后改治国学，现正校勘《史记》。凯南亦湘阴人。耘桂有游妓之作《栖流略》一卷，亦自行付梓印刷。我在长沙曾偶得此自订稿本。

黄逢元，字少云，号木父，湖南善化人。民国乙丑岁卒，年六十三。所著《怡云室文集》《补晋书艺文志》及《碧山乐府》等皆佳作。《补晋书艺文志》在其卒后一年排印，诗文为其卒前二年，亲自校订，得文七十余篇，题作《怡云室文集》，附载其弟思衍《湘蘅馆遗稿》二十余篇，由门人席閭运印行。《补晋书艺文志》卷首有长沙黄兆牧撰墓志铭及长沙黄山《黄木父君传》。

孙文昺，讳彪，号蔚邻，又号凡民，湘潭人。为文昱兄。民国丙寅岁卒，年六十八。原官度支部，值革命南归，辫发如故。

对国变常抱孤愤之怀。卒后赵启霖撰其墓志铭。文昺子鼎宜钞写其父遗稿《宋书考论》，凡八九万言，又钞《战国策补注》，亦十多万字，经其校订出版。他如《禹贡锥指订误》《十七史商榷辨吒》《达园联存》等未整理稿尚多。

曹耀湘、郭焯莹、黄逢元、孙文昺四氏之性格颇为硬直，不好与世交，且皆富文采。如郭焯莹注骚之外，他事莫为，其文颇佶屈聱牙，然甚有味。据云撰《栖流略》一卷以伤失教之民，虽云诡异，庶几不失其正，又有云《鹃啼集》之滑稽之作，此皆操弄文笔以消遣其幽愤欤？

叶德辉，字奂彬，号直山，又号郋园，湘潭人，其先居吴县。民国十六年三月十日，工农运动中被处决，年六十四。著述及校勘之书凡数十百种，多行世。其行述详《郋园学行录》。我在苏州曾过其曹家巷泰仁里旧宅，又来长沙于里仁里访其男启倬。启倬（字尚农）与其族弟启勋（字定侯）同为拾辑先人之藏弄。尤其是启勋，其校雠之精深，有湘省诸老远未及之处。是以造成在长沙旧书肆，善本珍籍时有出售而为当地学人未能措意，总为叶氏收购之现状。叶氏现正忙于校刻郋园遗著《四库全书版本考》及重印《观古堂藏书目》。据云郋园对《观古堂藏书目》即颇事增补，付印之际又附载《校正书目答问》。定侯近收购有《说文释例》王氏第四次自订本八册、宋刊宋印《韵补》（此书当与北平傅增湘所藏系同一本）、宋本《韦苏州集附拾遗》一卷、《宣和书谱》二十卷（此书何时刊本不详，各书目亦不见载，每半叶十行，行十九字，北宋讳字用缺笔）、沈果堂钞《尚书古文疏证》五卷（残本）等书。郎园常不喜人视其为湘人，屡屡说为吴籍，其从子定侯亦如此，收购为湘人所忽视的珍籍，勤于校书，夫学术或不免于受其地其种之影响欤？

八、天津

十六日夜十时到天津，投宿交通饭店。十七日晨，至南开大学，询问章钰氏住处，竟不得要领（由于介绍者杨锺羲听闻章氏住所在南开大学）。午后一时，在英租界求志里十一号欧阳律师寓所访李盛铎。又访刘师颖于中国银行，师颖为刘师培之族弟。晚八时，刘师颖来访。师颖幼时值家道沦落，是以虽未能绍继家学，人却甚为真实，感动于我详细询问刘家遗事，谈话间竟不觉时间推移，时过子刻方告辞。十八日早晨，河北三马路求是里访章钰，已外出，不在（章住处昨日询及李盛铎）。至英国租界马场道大营门里张宅与章氏会面。午后二时登车，六时归北平。七月廿一日启程以来，共六十日。

　　李盛铎，别号木斋，江西九江人。进士，光绪二十四年任驻日公使，其后为考察宪政大臣，民国后历任农商总长、参政院议长，以富藏鸣沙残卷、古籍善本知名。此刻老病交加，又患脚疾，隐居天津，与知好往来亦甚疏。我告以旅行经历，李氏悦甚。李氏今年七十二岁，其七十岁寿文乃邵彭瑞、徐鸿宝合撰，详述其阅历。其子少微亦颇有嗜书之癖，现在校订元版本，欲作元版本（书名未定）之著述。

　　章钰，字式之，江苏长洲人。前清进士，革命以来寓居天津，专事校订著书。《钱遵王读书敏求记校证》民国十五年刊行，管庭芬手校，以钱曾《读书敏求记》为底本，章氏复从众多别本辑补，校雠严正详确，素为学者敬服。章氏又著《胡刻通鉴正文校宋记》三十卷及附录三卷，现在北平付梓，大概于年内可见开版。氏云此前有《胡刻通鉴正文校宋记述略》发表，由此文可知此书梗概。章氏尤精史学，今年六十七岁。每日早晨离家，赴张某家塾教学，午后四时归宅，便伏案校读，未稍有懈怠。发已二毛，容貌温笃，言辞极为谦让。我试问天津老学耆儒，氏曰：切勿为此问。若问何故，虽津市有几人以学者自任，然彼辈不知校读的意义，只颇精于书籍之细微末事，对于此问甚难回答。此非章氏其自负之语，而确实道出了津地国学的现状。

北京的著作界

（此从桥川临时馆员所作报告书中摘录）

（一）

一、北大教授马叙伦，迄本年末当刊出《老子核诂》五卷，《六书解例》有一半脱稿。

一、北大教授黄节，刊出《鲍参军诗注》四卷（二册），系对钱振伦注本的补注。黄氏又在著《谢康乐诗注》。因其《鲍参军诗注》不得出售，只由大学所购得。

一、北大教授叶瀚的《墨经诂义》下卷，明年才能出版。

一、师大教授杨遇夫的《老子古义》系增订（注六十余条），当能出版。

一、北大教授吴虞氏谈道：我在四川时，与廖季平、吴之英时相往来，颇受教益。廖季平谙熟《十三经》，能随时说出其中文句，很令人震惊。训点《二十四史》凡三遍，又熟读《皇清经解》。吴之英的《寿栎庐丛书》，京中只在中央公园图书馆，其诗只作七古，六朝以下典故不用，王壬秋最畏其诗才，刘师培、谢无量赴川时，据云曾取其诗集钞写。

一、北大教授胡适，一边养病，一边心无杂念，专心于哲学史的著述。

一、北大教授黎世衡说：北大教授之国学及与国学相关者，一出章太炎门下，另一半出陈介石门下。而他们都在所谓的文字学领域内辛苦忙碌地工作。章太炎之所以最近提倡史学，是因为指导其门下学习文字学，但在人格培养方面没有什么补助，故颇悔前非。钱玄同、沈尹默、沈兼士系章门，蒋梦麟、马叙伦出陈门。

一、北大教授马叙伦说，崔适殁后，《公羊》研究者再无一人，据说崔适去年末去世。

一、北大出版部近刊《毛诗正韵》，系由章太炎推奖而出版。著者丁某，山东日照人，与许印林交友。

一、姚际恒《九经通论》虽曾由北大教授顾颉刚建议，给商务印书馆出版，但看似销路渺茫，遂停止出版计划。

一、当地中华书局推出《阳明先生传纂（附阳明弟子传纂）》（余重耀辑）。价九角。（大正一三．一〇．一/一九二四年十月一日）

（二）

一、吴宗慈著《中华民国宪法史》上下二卷，直隶书局发售。

一、师大教授白眉初《地理哲学》，直隶书局发售。

一、《陈师曾画伯遗作集》迄第三期由淳青阁刊出。

一、于商务印书馆看到《李石岑论文集》《李石岑演讲集》、陶孟和的《社会与教育》等新书出版。中华书局的《学衡》、《华国》（章太炎主编）杂志，初刊号到最新号大部分齐备。

一、籀顾学会成立，据北大国学门消息，成立此会是为了纪念孙诒让这一清末巨儒的功绩。该学会的事业则是整理孙氏遗著及成立籀顾图书馆，除孙氏自定刊本外，后人整理的刊本，如文字讹脱过多，则详加校订，总名《籀顾遗书》刊行。其《名原》一书，已有北大教授马叙伦的校补本，此次采用之。

籀顾图书馆系以孙氏个人藏书为基础，并向社会广泛征求书籍的组织，地址未定。其组织构架效仿近年梁启超等设立的（蔡）松坡图书馆、（戴）东原图书馆。

一、柯劭忞博士任北大讲师。

一、北大教授胡适仍在病假之中。

一、北大教授黄节氏（原参与编纂《国粹学报》）著有《汉魏乐府风笺》。

一、市村瓒次郎博士结束北大、师大的演讲，当于本月二十日离京，经汉、沪回国。（大正一三．一〇．一五/一九二四年十月十五日）

（三）

一、北大教授马叙伦就任教育次长以来，总长未有人来任，教育、政务悉正由其一人改革、更新。由于马氏本人即为国学者，给予国立各校的国学系教授种种便宜、使其脱离贫困生活之处甚多。

一、有关学术的佳著，自今开始相比于国立各校的教授，各官衙的科长级人物的著作更有成果，这是北大某位教授的心声。兹将官僚身份的学者著述列举如下：

▼《古书疑义举例丛刊》，在俞樾的《古书疑义举例》后，附有刘师培《续》一卷、杨树达《续补》二卷、马叙伦《校录》一卷，预计二月末开版印刷。

▼《淮南子旧注校理》，司法部签事吴承仕的著作，相较于刘文典的《淮南子解》，称誉其考证远为精到。吴氏以往著述《经籍旧音辨证》，为章炳麟弟子。

▼《抱朴子校补》《论衡举正》，交通部孙人和氏之作。去年秋天出版。

一、天津梁启超正在编辑中国文学史，加入精选其引用文例、多引文例，以作为读本式的读物。

一、刘淇的《助字辨略》，近期当有翻刻。

一、京师图书馆因在城东北隅近方家胡同，读书人颇感不便，不久将城西南隅头发胡同的京师通俗图书馆，改作其分馆，在该分馆即可看到京师图书馆的藏书。在分馆根据其总馆图书目录，要调阅图书，必须提前一周告知。西城一带因多为学者读书人之家，据说今后利用分馆的人会很多。

一、上海中华书局的《四部备要》，方便每人都能建造一个小图书馆，颇受当地学校教授的欢迎。（大正一四．二．二/一九二五年二月二日）

（四）

一、类书的目录制作　由于《太平御览》《艺文类聚》《北堂书钞》是类书中引书最多的，被它们引用的书，因为现在很多都已不存，不用说近代逸书的辑佚，学术研究者也必须从其中求取材料。然而这些书过于浩瀚，学者利用颇感不便，有鉴于此，北京大学国学门研究所以此为事业，将各书所引用的原书进行分类而附记为目录；据说有出版计划，但这几年绝对无法获得经费，因此长时间保存在研究所，只能供少数人利用。我认为，对于学术研究者，省去原文只保留目录，给予了非常的便利，倒不如说只需要目录的情况也很多。钞写此目录只要十元左右的工费。图书馆也备有一部此钞写本的话，我认为就能给翻阅如上类书的人极大的便利。

二、琉璃厂书肆的萧条　当地琉璃厂书肆呈现近来未见的萧条景象，书店关门也不少。据说其原因，当是市场普遍不景气，古书的需求供给年年递减；自家著述也年年减少的不多的书籍需要者，一般也不去寻求平常书籍，只需要对于其研究必要的、市场上稀有的书。宋元版的需要者也已殆尽，而书价却年年升高。

三、北大出版不振　在北京大学出版部看不到最近三年值得一提的出版物，该处同北上的国民党政客一起，激发学生的政治热情，兹将所见出版的小杂志记录如左：

《现代评论》	北大内现代评论社发行	铜钱八文	周刊
《语丝》	北大、新潮社发行①	铜钱四文	周刊
《新论》	北大转志会发行	铜钱六枚	月刊

---

① 《语丝》应先后由北新书局与语丝社发行。——译者

其他如《孤军》《燕风》《社会科学》《社会生活》《社会思想》等等。北大校长蔡元培氏今年五月归国，易培基（前教育总长）、马叙伦（现任教育次长）等全任教授，续刊《国学季刊》《社会季刊》等定期发行物，颇用心于振兴校风。

四、左二部本日邮寄

孙人和著《论衡举正》　　一部

同《抱朴子校补》　　　　一部

中国文学爱好者的必读书

——吴虞氏开示乡里青年

　　北京大学教授吴虞氏是曾于陈独秀、胡适等奋起宣扬文学思想革命之时，高举"反孔子"旗帜的名人。当时一帮旧学者，把他们当作是不识古书味道的讨厌的新人而加以嗤笑；而新人方面却说，我们是出于让一般人都能品尝到书味的慈悲心才发起了运动。那时吴虞教授为了避免不读古书的诽谤，公开发布自己的读书课程，震惊了世人。

　　最近吴虞氏应乡里四川的中学生之请，在"中国文学爱好者的必读书"之题下，例赐书目，介绍如左：

▲经

《诗经集传音释》

《三家诗遗说考》

《毛诗古音考》

北宋本《三传》

《白虎通疏证》

《今古学考》

《新学伪经考》

▲史

《后汉书集解》

沈约《宋书》

萧子显《南齐书》

《资治通鉴》

《国策》

《世说新语》

《水经注》

《洛阳伽蓝记》

刘知幾《史通》

章学诚《文史通义》

▲子

　《老子》

　《庄子集释》

　《列子》

　《荀子集解》

　《韩非子集解》

　《吕氏春秋》

　《淮南子集解》

　葛洪《抱朴子》

　刘昼《新论》

　《颜子家训》

　《文子》

　《孔子改制考》

▲集

　《楚辞补注》

　《楚辞集注》

　《屈宋古音义》

　《文选》李善注

　《文选》六臣注

　《弘明集》

汪中《述学》

洪北江《卷施阁文集》

章太炎《检论》《国故论衡》

《玉台新咏》

《乐府诗集》

《全汉三国六朝诗》

《八代诗选》

《全唐诗》

纪批《李义山诗集》

纪批《苏东坡诗集》

《文心雕龙》

《诗品》

《声调三谱》

王半塘刻《四印斋词》

朱古微刻《彊村丛书》

吴昌绶刻《双照楼宋元名家词》

陶湘刻《涉园名家词》

汲古阁《六十家词》

《艺蘅馆词选》

《万红友词律》

▲音韵

　《音学五书》

▲目录校勘

　《汉书艺文志考证》

　《隋书经籍志考证》

　《郡斋读书志》

　《直斋书录解题》

　《四库全书提要》

　《四库简明目录标注》

　《丛书举要》

　《藏书纪事诗》

　《书林清话》

　王念孙《读书杂志》

　俞樾《古书疑义举例》

　姚际恒《古今伪书考》

　孙诒让《札迻》

▲思想与学术

　王充《论衡》

　李卓吾《焚书》

　《崔东壁遗书》

戴东原《孟子字义疏证》

杭世骏《续礼记集说》

《宋元学案》

《明儒学案》(以上)

北京的出版界

　　△刘淇的《助字辨略》传本甚少，仅有之通行本的文字错误也很多，因久不便于学者使用，本次据乾隆刊本，细加校正出版。卷末附有刘毓崧、杨树达二氏的批评。价二元左右。

　　△此前报告的《古书疑义举例丛刊》，除俞樾《古书疑义举例》七卷外，并有刘师培《古书疑义举例补》一卷、杨树达《古书疑义举例续补》二卷、马叙伦《古书疑义举例校录》一卷，终于见其出版。其考证校核，堪称足知古书词例的好书，自不待言。价二元左右。

　　△屈复《南华通》，不久将由当地京华印书馆重版。学者希望屈氏《楚辞新注》也能相继重版。

　　△郑子尹《巢经巢遗诗》重刊。因梁启超、胡适等氏推荐，

为青年学子所爱读。价二元。

△《松邻丛书》出版。辑有甲编《元西湖书院书目》等十四种，乙编《绣谷亭薰习录》等六种。十六册，价十五元。

△北大教授马叙伦《老子核诂》四卷，本月末当出版。此书系由《老子》各本及唐以前诸书校勘释义，兼及订正数十事，卷末附关于老子生卒、籍里、仕宦、佚文等，为学者间期待已久之佳著。价二元左右。

△北大教授叶瀚（《墨子诂义》的作者）系教授中国美术的老教授。他收集了很多参考物——主要是拓本类——正在著述中国美术史。他对西洋学的造诣不深，但确有神通的才能，由其业余时间完成的《墨子诂义》取得的成绩而为人所知。如我邦某人有狡智，利用叶氏的鉴别力，猎取了二百枚汉镜。据说该氏保存的拓本及解说，有在前刊中并未看到新的材料。叶氏的《墨子诂义》下卷，据说非经费充足不出版，其拓本的付印，也并非急不可待，当下他只专心于美术史著作的撰写。

△原经科大学教授孙雄（原名同康），字师郑，年六十，现隐居京中，系内心愤慨于学废道丧的学者。其二十三岁所著《论语□□》，即将改订重版。据说是《论语》研究必读的名著。

他的著述中，被我邦人购买最多的是《道咸同光四朝诗史》

两编，是一窥最近诗风不可或缺的好书。价六七元。其他著作有
《郑学斋文存》《读经救国论》。又，虽听闻李慈铭的诗集已作为
单行本出版，笔者却未见到。他一方面筹设九老会，召集旧友，
厚示同道情谊。另一方面举办诗史阁清集，以吟咏为乐，每年印
行《诗史阁诗存》。

△清遗民金梁，纂修《黑龙江通志》，现正预约征订，预约价
四十元。金氏另印行《黑龙江通志纲要》，正发售中，二册一元。

△师大教授高步瀛耗费二十年而成的力作《古文辞类纂》的
注解书，明年可出版。由于各篇均据原书对照而校订，据称发现
了意外的谬误之处，对此高氏扬扬自得。

△吴承仕《尚书正义》明年也当出版。

△作为《文选》研究的佳著，胡绍英的《文选笺证》和朱珔
的《文选集释》二种乃必备之书。虽同为同光年间刊行，坊间却
甚为难得。前者在北京，胡适氏藏有一部，北大教授刘文典正以
此书作为讲义。近时师范大学杨树达由长沙购得一部（四元），
笔者于当地在某氏处购得一部（十七元）。据闻此书收入《聚学
轩丛书》中，又尚未确认。后者京师图书馆藏也有一部，亦有其
他收藏者，但可谓难得之物。

△湘儒叶德辉，受当地《黄报》总办薛大可之招，将拟来京。

可谓有政治性的意味。

　　△梁启超近期致信段祺瑞，接受著作资金一万五千元，名流学者往往如此。最近集结有关北京的记录四种重版，方便知悉北京风物。该氏编纂中的《中国文学史》，除费心选择各时期代表作，即所谓的文例外，还概略了各时代的文学趋势，据说有些粗略。《中国近三百年学术史》，在他众多著述中允为佳作，可视作对《清代学术概论》的增补修改，其篇幅大约是《清代学术概论》的三倍。今年当可出版。以上。（六月二十日）

北京著述界的近况

一、王树枏的著书

对中文化事业的中国方面委员一人，王树枏作为学者，不如说是具有通儒性质的学问之人。职此之故，其著述涉及各方面的宽广内容。已完成《陶庐丛刻初集》二十种五十二册，其《二集》九种二十一册也已刊行。今将其目录与定价揭示如左：

《陶庐丛刻初集》

《尚书商谊》　四角

《费氏古易订文》　二元二角

《校正孔氏大戴礼记补注》　一元四角

《尔雅郭注佚存补订》　三元

《广雅补疏》　八角

《学记笺证》　一元二角

《墨子三家校注补正》　八角

《欧洲列国战事本末》　三元六角

《欧洲族类源流略》　八角

《彼得兴俄记》　二角

《武汉战纪》　二角

《天元草》五卷　九角

《离骚注》　五角

《赵闲闲诗集年谱》　二元四角

《陶庐笺牍》　一元

《陶庐文集》　三元四角

《陶庐外篇》　二角

《陶庐骈文》　三角

《文莫室诗集》　一元二角

《陶庐诗续集》　一元六角

《陶庐丛刻二集》

《希腊学案》　八角

《新疆山脉图志》　二元

《新疆图志》　八角

《希腊春秋》　二元四角

《周易释贞》　三角

《新疆礼俗志》《新疆小志》　一元

《新疆访古录》　一元

《说文建首字义》　二元

二、教育杂志的种类

关于中国的教育杂志，其内容尤其充实又有长久发行历史的，是《中华教育界》和《教育杂志》。《中华教育界》系中华书局出版，月刊，一角五一部，主笔陈启天。最近刊行"中国小学教育研究""收回教育权运动号""国家主义的研究号"等特刊，大大提高了该杂志的声价。《教育杂志》系商务印书馆发行，李石岑主笔，月刊，二角五。相对于《中华教育界》的注重实践，其倾向于理论研究。出版"道尔顿制专号""性教育专号"等特刊。除此二种外，尚有：

《新教育》　教育改新社

《教育汇刊》　南京东南大学教育研究会

《初等教育》　初等教育研究会

《中等教育》　中等教育研究会

（以上四种由商务印书馆发售）

《英文教育季报》　上海中华基督教育会

《教育季刊》　同

《教师丛刊》　同

《平民教育》　北京师范大学平民教育社

《教育丛刊》　北京师范大学编

《心理杂志》　同

（右二种由上海中华书局发售）

《教育之友》　江苏教育会编

（南京东大附属小学代售）

三、容庚的《金文编》

此书收集殷周彝器之文字一万余，并将之分类，卷首有罗振玉、王国维的序文。价七元，北京大学出版。

四、张家骧的《中华币制史》

记述中国币制起源及其现状，分六编。民国大学教授张家骧的近著。据说今年由该大学出版部出版。

五、孙人和的《三国志校证》

中国大学教授孙人和将刊行其《三国志校证》。他所著的《论衡举正》，自认为是"拙作"，并称《抱朴子校补》也是略尽心力之作。《三国志校证》后，将推出《吕氏春秋举正》。

六、崔适遗稿出版

据说俞曲园的弟子陈汉章将编纂出版原北京大学教授崔适的遗稿。崔适是最近唯一的《公羊》学者。

七、张之洞的遗著

由王树枏、熊希龄捐助，北京文华斋正在刊印《张文襄札记》三百七十卷，书价及出版日期未定。

八、马叙伦著作出版

据说出版《老子核诂》的北大教授马叙伦，今后将逐次刊行其著作，主要有《庄子义证》《庄子年表》《庄子逸文辑录》《六书疏证》《六书解例》《邓析子》《列子伪书考》等。

北 平 书 讯

◇ 北平图书馆最近派官员赵万里氏赴中国南方出差，拟采购古书，购入天一阁旧藏本三四十种，蒋氏密韵楼藏明人文集六百十四部，据说其价格约七万元。

由于天一阁藏书逐渐散佚，浙江宁波市政府派教育厅厅员制作现存书目，并将之在公报上公布，声明现今绝不允许再行转售，此是去年春天之事。苏杭之间所藏天一阁散佚图书很多，经赵氏之手购入的，大约就是从这些藏书家中转让的吧。

密韵楼的明人文集自去年夏在市场出售至今，但因二三书肆竞相抬价，以致今日不得良贾。如明陈田的《明诗纪事》，据说经由密韵楼藏本编辑，除可窥及明人文学大概外，也一定是探寻明代史料的重要文献。焦里堂"道听途说录"四十余种之蓝本、汪曰桢《历代长术辑要》十册稿本也已购入。

◇ 王式通，字书衡，去冬卒于北平，年六十八。善骈文，曾受徐世昌嘱托，从事《清儒学案》的编纂。

杨宗稷，字时百，去冬卒于北平。专攻琴学，辑刊《琴学丛书》十种三十二卷，善弹鼓琴。从其琴学上的贡献看，也是清末文化史上的人物。

朱孝臧，字古微，去岁卒于上海。现在词人中的元老。其辑刊《彊村丛书》，因收集唐宋以来的词作，是研究词学的必需之书。

廉泉，字南湖，以藏画家和诗人知名，去冬物故。

◇ 近来清人文集、经解的单行本价格变得格外之高仍要购买，在此风潮下，各地书肆开始流行影印此类罕见之书。北平通学斋影印出售洪朴、洪榜的《二洪遗稿》原刊本，一部六元。

◇ 桐城徐璈在嘉庆末年收集乡先辈的诗话，并附以小传，著《桐旧集》三十二卷，虽在他死后的道光年间刊行，但因板木忽遭烧毁，此书甚是难得。同乡后辈们辛苦征求其残卷，渐成完帙，影印出售，价十元。

◇ 上海中国书店亦影印出售明何楷《古周易订诂》十卷、鲍鼎《九州释名》一卷附录一卷、吴东发《商周文拾遗》三卷，金锡鬯《古泉述记》十卷等。其中如《古周易订诂》虽得明本影印，其乾隆重刊本也很少见，故不下四百五十元，书店广告语中有"近来东方人士对此书，极其崇拜，亦可睹其名实"。因我邦学者的需要，刺激了中国的书肆，便见竞相影印，价六元。新阳汪之昌，字振民，曾为苏州学古堂的学长，现在的老儒章式之、胡玉缙等均出其门下。其著作《青学斋集》三十六卷、《裕后录》二卷由胡氏校刻。附刊元和李福的《李安浦遗著》一卷，价十元。

◇ 当今学者教授近刊主要书籍如次：胡适《淮南王书》，新月书店发行。顾颉刚辑印《古史辨》第三辑，景山书社发行。杨树达《积微居文录》，上海商务印书馆发行。傅振伦《刘知幾之史学》，景山书社发行。梁启勋（梁启超之弟）《稼轩词疏证》，梁氏自刻本。《清代文字狱档》，故宫博物院发行。

◇ 现在预约发售书名如次：严懋功《清代征献类编》二十九卷，预约价四元二角。陈性《玉纪》、寂园叟《说印》二册，北平预约付刻，定价三元，预约价一元五角。杨家骆《四库大辞典》二册，一千页，定价四十二元，预约价十六元。（民国七年一月十三日）

北京史迹杂话

所谓满人，即隶属于满洲蒙古八旗的旗籍的人们，[①] 他们都有着掌故癖。于是到了清末，所谓"他们精通掌故"，听起来就好像是今日考古学和历史学的专门研究者。

掌故癖对于满族人来说，好像很早以来便有记录的习惯了，于是关于掌故的著述也很多。清代初年的刘廷玑——是汉军镶红旗人，像他的《在园杂志》就是记录了值得被重视的有关民众文艺之书。到了乾隆时期，博明的《西斋偶得》三卷，是内藤湖南博士等主纂《满蒙丛书》也选取的著述，笔者通读此书，感到其中有汉人笔触不到的某种兴味，尤其是举了很多有关掌故之事。

---

① 文中指称的"满人"，还包括了汉军旗人。作者原行文如此。——译者

提到蒙古族出身的法式善（1753—1813）的诸种著述，兴趣就更深了。如像礼亲王昭梿的名著《啸亭杂录》八卷及其《续录》二卷，正因其以清代的掌故为基本，故内容读起来津津有味。其他关于满族人掌故的著述不胜枚举。虽说是掌故，但因是关于清代的故实，会触及清朝自己的国政，即便著述也不能发表，大部分只能口耳相传。

满人为何对掌故深有兴趣呢？因为他们的生活富裕，且多有闲暇，所以那种精细、一丝不苟的研究不符合他们的气质，他们也不需要通过学问而提高自身地位。于是，他们将掌握吾世一代掌故的丰富的知识，视作比什么都来得重要的资格吧。

清末所谓"清风党"的名士集团出来之时，他们的标志是擅长自己的专门知识，或谈金石，或谈词章，就像满人盛昱（1850—1899）那样谈掌故，是如今人肃亲王善耆那样的掌故通人。八旗文学集大成者杨锺羲氏告诉笔者，正在将亲王所述笔录下来，当成为撰述有关掌故的名著。

满人说掌故的癖好，直至发展成了掌故学，因其所撷取的资料是一代的故实或史迹，故被认为是触发了人们对北京史迹的兴趣，酿成近期研究北京历史的趋势之一。

造成关于北京史迹的兴趣的另一原因，是清末满族人所持有的故国观念。祖国一木难支，必将倾覆，已迫在眉睫。虽未能设想山河变色，也没浮现"感时花溅泪"的惨况，但眼看着巍峨的宫殿，或在长安的大路上伫望，不得不抱有某种深沉的感慨。因此清末有心满洲的学者，写了几种类似《洛阳伽蓝记》那样的著作后，清室也终于覆灭了。

往昔东魏的都城，从北魏的洛阳迁移到邺城之时，杨衒之重游洛阳，目睹城郭宫殿崩坏，寺观庙塔化为废墟，埋没于荒草之中，成为狐兔的巢穴，慨然有黍离麦秀之悲——不堪故国观念的冲击。曾经洛阳一千余伽蓝时时照耀的法灯已经灭绝，法光也已消逝，现在似乎还能听到从废寺间传来的钟声。如果不记录下来的话，后世就会失传。杨衒之的名著《洛阳伽蓝记》，便是记述诸伽蓝古迹的遗存。

与杨衒之所著之书有同样感慨的，有震钧（1857—1920）的《天咫偶闻》十卷，敦崇的《燕京岁时记》一卷。敦崇在宣统帝大婚后于北京西郊八里桥投水自杀。

庚子"拳匪"之乱，是北京前所未见的巨大异变，他们认为清朝实际在那时便已灭亡了吧。于是，满族人便写了很多描述庚子之乱下的北京的书。现在的人不必理会作者的微言大义，只将他们记述北京史迹的书看作是北京学的绝好参考书而已。我认为，这些名著的相继推出，最终成为考证北京史迹的基础，诱发了北京学的研究。

有个叫伊东ハンニ的人，在北京的日本人报纸上刊载"我要死在北京城下"的大标题广告时，给宋哲元当部下的友人们无意中访问笔者，打听伊东到底是个什么样的人。伊东用一句话来表达对北京的陶醉，是连去日本留学十年的中国人也无法理解的。看到伊东的广告，推测他可能要在北京城内引发动乱。稍解风雅的人，在没有历史的土地上，无论再山明水秀，都不会起想要永住的念头，但住在有悠久历史之地便很快想要扎根陶醉于此。其意思就是，大家都说，北京是个好地方。

笔者虽为流落书生，半生光阴都在北京度过，也想要有作为人的幸福。此间，自然的景色虽好，人的景色却很糟糕。几度被打道回府的归乡之情驱使，却又一再打消念头。没有写完纪念住在北京的著作就不回去的决心，正是这决心让我到现在还留在北京。这就是笔者对北京学感兴趣而从事其资料搜集的动机。只因我的"《洛阳伽蓝记》"尚未完稿，才滞留在此忘了归期。

笔者踟蹰滞留北京期间，在中国的学人间萌发了关于北京史的研究兴趣，而且，北京史学正是将过去由满人为主写过的掌故记录，同寄寓了黍离麦秀之感慨的类似《洛阳伽蓝记》的著述，这两种记录酝酿的温床，再加上"民国学术"的风潮盛行，而成为不容否认的存在。

这期间，出现了几种经我邦人之手而成的有关北京史迹的著述。可以认为全都是失败之作。因为它们无法匹敌满人对掌故的蕴蓄，而被恶作剧般的陶醉气氛所驱使，没有写出清末学人所持有的感慨的东西。还有一个原因就是他们没有像"民国学术"的风潮所展示出的那种史学观点和史学眼光。三四十年前湖南博士所写的一册游记，还残留着不灭的书香。

名为《燕尘》的日文杂志很早以前就已出版。"燕尘"一词，作为我邦人所创造的新用语，似颇为我邦人得意，至今日仍在流行。笔者对其是何意义尚无法判定。"燕"若是燕子的话，就不是燕京的"燕"，若是说燕子是尘土的话就很可笑，此处应该是"燕泥"的意思。如果是被燕京的名产蒙古风吹起的尘土之义，"燕尘"一词就过于鄙俗，俗不可言。该词混同燕子的"燕"和燕京的"燕"，可以说是很低级的趣味。不管怎样，有关北京的研究被中国的学术界多所超越，真是令人惭愧之事。

自民国以来的学界人物，谁研究北京史，又营造学社的同人和北平研究院的研究成绩如何，或谁最富有北京相关掌故史迹的知识等随之而来的相关问题，如今想要详细记述，但限于篇幅，只得省略。而且关于民国学者的北京的研究，应该有很多值得评论者，但这里不再说明。此处只提一人，去年夏天在我们的同好组织的北京人文学会上，有北京研究者之一瞿宣颖。我追忆当时瞿君所作的演讲，记述对其演讲的感想。

> 讨论中国历代的形势的重点，就是东北和西北。东汉以来的重点是东北。东汉光武帝的霸业，也是用北地渔阳上谷的兵力收得河北各郡而取得的。曹操也是取得当时为袁绍所占据的冀、幽二州才压制了吴、蜀，用其兵力征服了中原。在这之后，中国的统一事业即合并东北、西北两股势力而达成的中原统一。

瞿君以这样的论调，对北京在中国历史上扮演着怎样大的作用，有着怎样重要的历史地位，作了有意思的史论，然后又叙及造成北京自辽金以来作为一千年的国都的基础的历史原因。如此大略直观的史观史论，有着历史学立场的专家会付之一笑，根本不去听，但我认为对于中国的历史学者而言，站在这种史观史论的立场而叙述的此种学风，反而是中国学者擅长的一面。对于近代的历史学，我们也希望对站在这种直观的史的考察来概括大略的观点有所了解。

去年是北京建都一千年之纪念。① 笔者本希望出现几部"以北京为历史"的名著，但也许因为发生了前所未有的大事变，或因此前准备并不是很充分，过于轻忽了本该纪念北京的这一年。

能有机会生活在北京并感到愉悦之人很多，而想要将其个人生活记录下来的便大有人在。谈论北京生活的北京会到处都在举办，就给人这种印象。笔者虽非历史学家，但也是因胸中兴致勃勃，想要尝试说说北京的某一面。笔者尝试说一下乾隆、嘉庆两时代文人学者的生活，也就是说我强行压缩了对于北京的无限宽广的兴趣而将其归于一点，十数年来我一直在搜集这方面的资料。

再回到前面的话题。勾引起我对北京历史的兴趣的要因，是要着力说说满族人的掌故癖和对《洛阳伽蓝记》一类著述中所寓托的感动。笔者历史化北京的意图，不用说，多少也是为这种感情所驱使。将北京某些方面历史化，某种意义上也即要求将笔者的个人生活变成历史。

关于掌故癖还想要再说一点的是，"书写的历史"，应是把所写的记录看作最可靠的资料。现存的历史的物件，也要在书写的记录中找出印证，增强其可信度。而掌故多靠口传，被书写下来

① 作者将辽会同元年（938）建陪都南京（又称燕京）视作北京建都。——译者

100

的很少。总的来说，作为历史资料的书写，从成为历史对象的全景中来看，不过只是其中的一部分而已。同未被记载的历史的事象比起来，书写的记录仅是历史的部分。所谓掌故，也就是口传的成分较多，当视为通过口传而提供的历史资料。

对于研究北京历史的人来说，必须知道掌故之重要的一面。例如北京宫城的建设，如果获得的资料是说其中有回教徒别出心裁的创意，后由阿拉伯人等完成设计的话，就以为北京城是如此建设成的，这不就是历史学家特别容易陷入的陷阱吗？但我们正是从掌故通们那里知道，北京城设计上如何反映风水、占卜的思想，才觉得北京城的创意并不全都来自当时的将作监和外国人技师他们那里。

比如笔者现在居住的文化会的地址，从书写历史的正史里找寻当然是找不到这个地方的历史的。即使查看有掌故性质的《明宫史》的《京师坊巷志》等，只知道是明永乐十八年东厂的所在而已，但可向掌故通求得：

　　明朝衰败，东厂随即废止，其房舍因为魏忠贤的暴政而遭到报应，被看作凶宅无人租赁，家屋全部颓废，成为牧畜者养猪和毛皮工厂。此后旧东厂的房屋全遭破坏，成为细民杂居之地。自康熙初年，阿兰泰购入西边的民房。阿兰泰为满族之富察氏，康熙二十八年以吏部尚书拔擢武英殿大学士，同年去世，谥文清。他新建住宅百余间，而且原东边的猪毛牛皮场尚在。康熙五十年阿宅转卖，归庆氏所有。庆氏为满族之叶赫那拉氏，即大学士瑞麟（谥文庄）之祖，佛尼音布之曾祖。庆氏购置之后，加以修缮，将其作为宅邸世代守护至咸丰初年。瑞麟总算将东边猪毛牛皮工厂收购合并，大加施工，改其旧观。因在东边建筑的隙地植树点缀，在其间筑以太湖石，园中多植竹林，故名为"漪园"。其后嗣佛尼音布及其族人杂居其中。佛尼音布，字鹤汀，其兄怀塔布，字绍先，光绪朝任吏部尚书，还有一兄长名湍多布，字薑臣，光绪时为浙江按察使，均为一时之名士。其居宅为庆氏康熙五十年自佛氏购得，所居凡四世，经一百余年。光绪二十年庚子偶值"拳匪"之祸，各国联军入京，其宅先为俄国军侵占，俄军归国后，为德军充作野战医院，一年后联军退出，归还佛氏。经三年，光绪三十年，佛氏开放漪园，改名"余园"，盖取劫后余存之意。在园中设余园饭庄及茶店、摄像馆，供市人游览，在北京开创了公园之先例。其后不久为大学士荣禄所有。荣禄，字仲华，谥文忠，是光绪朝大变局的中心人物。及荣禄殁后，其后嗣良揆民国二年又售与袁世凯，以充陆海军联欢社之用。民国三年袁氏将其作为遵义亲王府赠予黎元洪，袁氏将来实行帝制时有遵黎氏为义亲王之意。

关于笔者的住所，仅可由此掌故通所闻得。据近八十岁物故的佛尼音布所说，当能查到更为详细正确的事实。采取中国学者所擅长的直观的史论观，并加入从掌故通那里请教所得的史料，我希望能写出北京史的一些方面。

（东方文化协会总务院长）

中国学界的趋势与北平文化的崩坏

一

有人说比起"北平","北京"这个称呼对吾等更为亲切。体验过五六年前北平的人，可能觉得眼下的北平今非昔比。了解十年、二十年前的北京的人，也会一边引用俞曲园的名句"花落春仍在"，一边感慨看到故都北京的景物吧。即便如此，认为没有比北平更好的地方了，这样的人还是很多的。

赞美北平及北平生活的人颇多。不仅是吾邦人，中国人、欧美国家的人也很多。但是，没有人能说清为什么这里好。所谓北平文化，不是只由北平萌发出的，而是中国各省的文化的混合。学者、美人、美食等等，都是从各方选粹，不仅是选粹，必定也是相互融合的。其气质必定上佳。让生活变得舒适、饮食美味，以至于让人人赞美没有比北平更好的地方。比如学子，从蜀山湘水负笈上都，到进士及第荣登翰林的三品官等，最后成为闻名海内的硕学鸿儒。无论多么饱学苦行之士，只要居住在京外的地方，都很不容易为人所知，何况他省之人还要和本地的学者相互竞争。我们知道，许多清代学者，他们很多穷其一生在居住地辛苦治学，但身前的学问颇为寂寥。北京政府南迁，国民政府统一后，十年或二十年便见出"北平文化"崩坏的征兆，所谓感触不到北京如昔日般的平静安详，也就理所当然了。至于今日，哪怕是想保存北平作为文化都市的面目的话，也都是絮絮叨叨的无用之言。如果执着于这样的保存原貌的话，我说是不识时势与时务变易，简直愚蠢透顶。事实上，即便是十年来此地的饮食，在味觉上减少了丰润度，也同样让我们品尝到无可奈何的时代的变化。

中国的文化、学术在过去数百年都过于集中到了北平，故造成了在国内任何一个都市都难以比肩的黄金区域。虽然北平作为出众且历史悠长的桃源让外国人很欣赏是件好事，但地方的文化学术却极度荒废。现今北京文化即将崩坏分解，其中部分移植到首都南京，又有一些被上海继承，我推测中国各地的地域文化也将复元，各地方文化会以各自鲜明的面貌强势复苏。笔者预卜中国将来的文化发展，这也可看作是颇应为中国而祝福之事实。如此三十年、五十年后，回顾几百年曾持续的北京文化，也会感到其文化不正常的部分。笔者将在下文概说一下数年间北京的文献和学术机关的异动。

兹将从事文化事业的某友人向笔者所谈陈述如次：

民国政府对一国的文化事业及学术振兴的实施，其开始有成熟且系统的远大规划，想要按规划逐年逐步地实施下来，其所存的苦心孤诣吾等都能体谅。有关经费问题，要从其一建设经费、其二日常经费两方面来考量。如国内各大学、各研究院、北平图书馆、故宫博物院等文化设施，国家也最注意长久的立案计划，努力以各年有秩序的工作来谋求其发展。然而内忧外患，令其实行陷入了困难。经费减少，预定的建筑工程也陷入停滞，眼下文物南迁也仅采取了必要的修复措施。建设方面也数年停顿。所幸日常经费照往年一样支出，北平各国立大学每月三十六万元的经费也没有停滞，由政府持续发送。

某君所谈可谓实情。北平各大学目下的情况是，北京大学借助各方面的捐赠，建造其附属图书馆；师范大学五栋校舍的新建计划则停顿，只建成了一栋；清华大学变更其农科扩张计划，听闻要将农学院迁至在长沙所购之地。北京图书馆第二阅览室建筑也未见动工。故宫博物院计划修缮雨华阁、文渊阁的项目也中止了。故宫历代瓷器谱、故宫所藏铜器图录、故宫所藏历代名画谱、《天禄琳琅丛书》第二、三集的精装版印刷也中止了。于是可见，文化学术机关的新建筑、新工作均陷入全面停顿的局面。

自民国二十二年二月至五月间，故宫博物院的重要书籍、书画、瓷器及御赏珍品约一万三千五百箱分五次南迁，现在上海法租界天主堂大楼中保管。同时古物陈列所的三百余箱贵重物品运往上海，据说该所现在仅靠入场券的收入维持。历史博物馆的重要文物在当年二月和二十四年十二月两次运往南京。国子监的石鼓也在二十二年二月运至上海。同年二月颐和园的一百余箱铜器也运至上海。于是，民国二十二年北平的重要文物如洪水一般地南迁。装满故宫古物的木箱用洋车运载，警戒森严的光景如在眼前。

北平图书馆于民国二十四年将善本二百箱（属善本书目甲种），又另从普通图书中选择出善本一百四十箱为乙种善本，以及西文书籍一百二十箱、敦煌写经四十九箱、碑帖八箱、地图七箱送至上海亚尔培路的中国科学社。社会调查所也于此年全所迁往南京，中央研究院历史语言研究所亦于此年十一月迁至南京。同月，清华大学的重要图书及实验器具约三千箱被移往汉口，地质调查所也于此时将重要标本及实验器具几乎全部移往南京。笔者听到北平图书馆响彻日夜的打造木箱之声，不堪其声之阴惨，反过来想，这也是在顺势而动。有人叹息，一旦南迁，这些文物便无北归之例。这绝不是棺材钉钉的死之音，而当是南迁文物所发出的孕育之新声。

笔者于昨日获赠浙江省立西湖博物馆与吴越史地研究会合编的《杭州古荡新石器时代遗迹之试探报告》，辑有卫聚贤之序、胡行之的报告书以及题为《古荡石器出土在东南文化之价值》的论文同其他数篇论文的小册子。吾等虽不认同此小册子为学术研究上的伟大成果，但吴越人企图改变历来对其故地的文化研究的观察方法，从这企图中可看出地方文化复苏的迹象，在此小册子中也可看出这种动向。他们认为，中国古代的文化发祥地黄河流域，所据文献例如孔丘的《春秋》中吴越的相关记述不过是其百分之一而已；故举《左传》《竹书纪年》《史记》所述当时吴越文化的地位，又据民国十九年南京栖霞山及今年三月杭州古荡出土的石器、铜器、铁器等，得出黄河流域的新石器文化和江浙地区的新石器文化各自独立的有力结论。

二

南京教育部调查统计表明，此处数年来，专门学校以上的教职员、专任教授人数渐次增加，校外的兼任者逐渐减少。校外的兼任者多数是官员公吏。

年度	专任人数	校外兼任人数	计
民国二十年	四二三三	二九二〇	七一五三
同二十一年	四七二三	一九八六	六七〇九
同二十二年	五〇〇〇	二二〇〇	七二〇〇
同二十三年	五一二七	二〇七八	七二〇五

这一事实最为鲜明地说明，中国学界拥有了各方面有专门才学的指导者，学术研究渐次深化的趋势。

截至民国十二、十三年，教育界和政界的人物颇相混淆。所谓实情就是抓住时机的某部的总长、部长、下台的大学教授或校长，在教育部等官员中兼任教授的人比比皆是。在北京政府时代，我们常常趋访正在交通部、教育部的科长室、司长室伏案读书的学人，这也可以视作是前清时代的遗风吧。现在各大学都有在文科讲授中国哲学的专任教授，看起来也都是身为专攻学者的知名学者，但在往日的大学，举一个例子说，北京大学中国哲学科的陈介石、陈汉章、马叙伦等老学只讲解经子之学。

昔年五四运动兴旺之时，身着学生服站立在民众运动最前列的志士，经过二十年如今已得到了身为教育部长、大学校长的荣誉。中国在此数年间上演了人物的一大转变，现今的中国早已被新登场的人物所支配。不仅是在政界，学界及其他领域也一样，这么说并不过分，即便是以前的人物登场，其头向右转或向左拐，也完全是根据聚集在其手下的新人物的意向而决定的。于是学界的人物已一变而其新面貌使人敬畏。

即便前清乾隆、嘉庆是学术极盛的时代，可能也不及民国产生的才学苍郁吧。他们中的多数刚过不惑之年，连这样的岁数都已被看作是前辈，而大量的少壮英才，会为将来的学界带来何等的盛况啊！总的来说，现今六七十岁的老学之辈是悠然自得地在清末的颓废时期担任要职；五十岁上下的学者则一边摇摆于革命之际，一边存读书立身之志；在这之下的少壮学者，在内忧外患刺激下燃起了忧国之心，究学之心也如火一般炽热。他们的前辈在国内革命烽火高涨之时仓促投笔从戎，留学海外者抛书弃学归国，而他们中的很多人不但抓住机会求学，而且留学前便已在国内准备了充分的素养，于是归国之后，他们便踊跃呐喊着参加了文学思想革命、汉字革命、国语问题讨论等。如果读了胡适的自撰年谱《四十自述》和顾颉刚《古史辨》第一册卷首缕缕数万言叙述自家读书经过的相关回忆的话，任何人都对其中的真实消息颔首认可吧。要再与段玉裁所撰的《戴东原年谱》等清代鸿儒年谱对照的话，就有能感动吾等之处，可看出在在都贯穿着热肠和虔敬。

某段时间，海外的留学生归国之后，像红角儿一样相继为祖国的文化运动的迈进而发挥其才干。若问他们在海外所学何业，曰农学，曰造船学，曰电力学，每个人的回答出人意表。按常识来考虑，他们在留学时所学的专业，本拟回国后进一步发展和应用，但因本国的科学技术不发达，他们不得已转向了另一条路。从另一方面考察，由于自己国家深厚的文化，强有力地吸引着这些具有创造才能的学人，他们才返回到这里，笔者将这一事实称作"中国学人的还原化"。这本来就是不正常的，至少从民国初年到二十年，文化运动被这些"还原学人"所支配。然而最近情况从这种不正常的动向中脱出，本国的学术是从本国内部充分地汲取其涵养和造诣，逐渐有了若干余力，再游学海外精练自家所学的方向，各地的大学教授中也有了由本国学校培养而渐崭露头角者。还可看到，最近留学欧美的学生，选拔的多是对本国的人文科学不太感兴趣的自然科学的研究者。

此前文学革命风暴卷起后，"白话诗""新诗"的作者如云一般集合竞相展露他们的才华。笔者于民国九年秋九月十三日夜月渡洞庭，其时听见舟子敲打船舷，朗诵徐志摩、朱湘等的"新诗"。若想了解当日驰骋在诗坛的作者十年、二十年后的心境和境遇，可从北平国立清华大学的课堂上窥得。

闻一多（1899—1946）是《死水》的作者，现清华大学古典方面的教授，他是清华大学留美预备学校出身，在美国学习文学，归国后历任中央大学、武汉大学、青岛大学、北京大学教授，以专攻《楚辞》《诗经》而知名。可从其论文《高唐神女传说之分析》及近期《清华学报》上所见《楚辞校补》《离骚解诂》一窥其蕴蓄。关于《诗经》的解释，他口中发出了让今天的学生瞠目的妙论。如《诗经》之《狡童》的"不与我食兮"、《衡门》的"可以疗饥"诸句，他引证《汉书·外戚传注》，解释"食"为男女性交。

俞平伯（1900—1990）系浙江德清人，清华大学教授，兼北京大学教授。五四运动前后以抒情的新体诗创作闻名，著有《杂拌儿》《西还》《忆》《古槐梦遇》等。清代大儒曲园先生之曾孙。是现在百花缭乱的清华学园里的才华之士，据说他的词曲讲坛上，他系的旁听生都蜂拥而至，盛况空前。其考证旧小说之《红楼辨》、讲解《诗经》之《读诗杂记》、论词之《读词偶得》等，虽非鸿篇巨制，但在随笔零墨中能读出他会心独到的见解。

朱自清（1898—1948）是绍兴人，此地以绍兴酒闻名，产酒之地孕育了爱好陶渊明的诗人也不是完全没有缘分吧。最近从日本文学转向中国文学的北京大学的周作人也是绍兴人，据说同样爱好陶诗的其兄长树人（鲁迅）的夫人是朱氏的伯母。笔者读了朱氏《陶渊明年谱考证》外，尚未见到其他力作，将来，我认为他能大大阐明栗里、南山诗的风格。朱氏在清华除了讲授陶诗外，还教宋诗、中国文学的批评等。最近印行随笔《你我》。

这三位教授，如今都像是一头埋进古书蠹册，全无杂念地研究起古代文学，其研究有创作心境也有鉴赏性质等方面。因为是创作性质的文学研究家，所以顽固一派来看，他们也可能经常是在描写梦幻。从思想方面一步步地推进中国古史研究的郭沫若等人的心境，也可由此推知。

三

历史研究的要谛，先决要素便是所谓的将全部有关史料去伪存真地考订审查。所有的文籍器物都是历史资料。且中国的古籍至为浩繁，因此伪作也多，真伪混杂。一旦历史学家将伪作虚言当作事实来对待，误作考订，使后人越发继承其错误。前代的学者对此问题论著虽甚多，惜各书星散，不易见到。民国十年由胡适、钱玄同、顾颉刚等编辑的《辨伪丛刊》将这些零碎材料汇为一编，试为学界鼓舞史书考订之勇气。十年以来，他们对其进行资料的搜集与各本的校勘写定，也包括公开发表《辨伪丛刊》第一、二种书目并付印。

《古史辨》第一册系民国十五年出版，辑有顾颉刚、胡适、钱玄同等以"禹"为中心问题讨论的往复书札，对历代伪书的辨伪也予以论及，即所谓的辨伪运动。其上编起民国九年五月迄十二年二月，除有关"禹"的讨论外还研究姚际恒的《古今伪书考》。下编起十二年五月迄十五年一月，引有王国维的《古史新证》。

《古史辨》第二册系民国十九年出版，上编为古史问题的起十三年十一月迄十八年的论文，中编为触及儒家问题的自十二年到十七年的论文，下编为对《古史辨》第一册的评论。

《古史辨》第三册系民国二十年出版，上编为《周易》经传之问题的从十五年末至十九年末的讨论，以顾颉刚、李钟池、余永梁、容肇祖等最堪代表。下编为《诗三百》的问题，见载有顾颉刚、郑振铎、俞平伯等人自民国前一年至二十年的妙论。《古史辨》至此册已迈进将《易》《诗》作为问题来专门讨论的阶段。

诸家于是从经传的大本营中跳脱出来，达成了一致，即得出将《易》还原为卜筮的地位、《诗》还原为乐歌的地位的结论。

民国二十二年出版的《古史辨》第四册涉及周秦诸子的著作时代的问题，所辑之论文上编起民国五年迄二十二年一月，下编起民国前二年迄二十二年一月，可读到梁启超、顾颉刚、冯友兰、罗根泽、钱穆、张寿林、容肇祖等新说。第一、二、三册为顾颉刚主编，第四册起由罗根泽主编。

《古史辨》第五册系民国二十四年出版，上编为今古文问题，自民国十六年四月至二十三年一月，收有钱玄同、胡适、顾颉刚、钱穆的论文；下编涉及阴阳五行说的起源问题、古帝王系统的问题，自民国十二年至二十三年十月，梁启超、顾颉刚、钱穆等的论文较多。

历史地理的研究在前清已是划时代的成就。然而至近十年来，此方面的研究却已衰落到了极点，各种杂志上也看不到此种论文的刊载，也未听闻有大学在历史教学中组织相关的史地学课程。一般的历史学者，往往不知道禹贡九州、汉十三部、唐十道、宋十五路为何物。探明吾等民族的成分究竟为何物，深化民族意识，无论如何必须要由史地学研究来做。《禹贡》实际上是中国史地学的第一篇文献，在此名义下由禹贡学会组织的每月两次的《禹贡》杂志上刊行中国史地学著述，顾颉刚、谭其骧主编，于民国二十三年三月创刊，至今续刊。而他们对清代的考据学者关于《禹贡》《汉志》或《水经注》的研究著述的刻苦钻研、精研精神不仅抱有十足的敬意，另一方面，也以进步的科学研究方法，期待取得最大的研究效果。其具体的工作之一，是为整理编纂中国地理沿革史、地理沿革图、历史地名辞典而做准备，如试图详密编纂某一时代的地理志，这是清代学者未竟的事业。其后，发表"地图底本"的出版预告，再销售少许。以顾颉刚为笔首，谭其骧、郑德坤、冯家昇等一批英年学子充分闪耀其才华。

我认为在此风潮下，《崔东壁遗书》以新装的形式由上海亚东图书馆出版，不能单看作是书肆为射利而出版之事，而应把此书的出版缘起与新装看作是此书的重生。顾氏点校《崔东壁遗书》肇始于民国十年，搜辑材料完备，将嘉庆本《东壁书钞》，其遗稿《知井集》《莸田剩笔》等，其夫人成静园的《二余集》，其妹崔幼兰的《针余吟稿》，其弟崔迈的遗著四种，并胡适所辑佚文，二十余封遗札等许多新资料，作为后编附刊。顾氏标点及整理崔稿，适逢民国十年胡适、钱玄同等发起《辨伪丛刊》之际，顾氏自己奋勇承担此一工作。胡适曾在北京大学的《国学季刊》上发表了长篇论文《科学的古史家崔述》。

陶希圣（1899—1988）系湖北黄冈县人，民国十一年北京大学文科卒业，现为北京大学教授，其力作除《中国政治思想史》三册外，还有《中国社会之史的分析》《中国社会与中国革命》《中国问题之回顾与展望》《社会现象拾零》等。他从大学毕业后先任安徽省立法政专门学校的教授一年有余，便归乡读书，他阐发宗法为主的中国的族亲继承制度，钻研社会学，发表了若干篇论文后，任上海商务印书馆编辑。"五卅惨案"后，任《现代评论》杂志主编，所论劳资问题触及了当局的忌讳，国民军北伐时为武昌中央军事政治学校的教官，在任上海的暨南、复旦等大学教职同时，以卖稿生活。民国二十年夏，陶希圣为北京大学所招，在教课之余顺势创刊的《食货》月刊，也是从社会思想的趋向而来，刊发的文章涉及民族解放运动、社会的改造运动、救国的运动，乃至以这些运动的立场来研究中国的古代社会。中国今日，不应徒弄空虚、清高之论。明末清初，黄宗羲、顾炎武以实学对抗明学之空疏，可见陶氏与他们一致的精神。笔者虽与其会面的机会不多，但亦由此一窥其虚心坦怀的古学者之风。他作为大学的教授春秋尚富，对于《食货》的想法现在看来颇为充实，多有创获。

顾颉刚主盟的《禹贡》系史地之学，陶希圣主持的《食货》

为社会及政治思想之研究，它们彼此对峙，以期两相开拓，吾辈虽无法预测其将来如何发展，但这两种学会因刺激了时事而令学究气概勃兴发露，则是不争的事实。不仅仅是在北平，在全国到处也能见到以此种气概而兴起的学会。民国的革命家、执政者误入歧途，过于急切地鼓吹排外思想，没有充分自省其民族性。过于急切地狂热愤慨，使问题愈发混乱，人们忽视了退而冷静自顾去探究民族的意识。这不免会遭到所谓的只加兴奋剂不加清凉剂的非议。如《禹贡》《食货》所生出的深刻洞察，此时应运而生。

横槊疾驰的中国军阀的威容，不过是三民主义形式化的面具，而其要谛已沉积在这些学者的头脑里。

禹贡学会即将付印傅增湘氏所藏清陈克绳的《西域遗闻》，作为《边疆丛书》第一册。他们在发刊宣言中说，若求民国之自立，首要即巩固边防，是为上策。中国土地幅员辽阔，人口也多，边地和中原的语言风俗差异很大，自道光以来，外人乘此缺陷欲呈阴谋云云。又，北平图书馆即将着手刊印《善本丛书》。见其书目，有明张雨的《边政考》、明魏焕的《皇明九边考略》、明茅瑞徵的《皇明象胥录》、明李言恭和郝杰的《日本考》、明陈侃的《使琉球录》等，所辑虽为明人罕见之书，和禹贡学会的

《边疆丛书》所选一样，每一部都是有关边地的史地的。笔者反复多次宣明，中国学人将来的研究也要与时事相关联，从民族自主和国土自存的立场上，刺激救国和考学二者持续共同发展。

四

现在中国哲学界的人物其学说也很复杂。尤其是笔者与每个人物见面、了解其生活的机会较多，愈发容易认识到这种复杂性。

过去阐述民国成立以来中国思想发展的著述不少，如阐述廖平、康有为、谭嗣同、梁启超的经学的政治思想，语及林纾、严复的翻译成绩，申述章炳麟、王国维的旧学贡献，究明陈独秀、胡适、梁漱溟、李大钊等人所标举的学派，并列举其贡献著述。近来的倾向只是介绍冯友兰、张申府、李达、陶希圣、郭沫若等各人物的哲学研究及其系统。

胡适师从杜威的实验主义哲学，现在北京大学讲授其学说，因杜氏本人来华，在全国越发煽动其思潮。其时，胡适阐述杜氏哲学在欧美的势力，指出日本所译的实际主义应该译作实验主义。杜威在华二年，归国之际，胡适以论文《杜威先生与中国》为其饯行。其所著《中国哲学史大纲》等的研究方法便承自杜氏。胡适用杜氏的眼光和研究方法来研究《墨子》等，也吸引了学者的目光。

同时，马克思的唯物史观也在中国风靡，虽也时有消长，但不断在中国社会拥有势力。陈独秀、李大钊发其先导，通过《新青年》杂志招致中国的年轻学子，给予他们深刻影响。李大钊在破坏传统的中国旧思想的同时，也排击西洋思潮，为建立系统深刻的社会思想而努力，最终因其信奉的主义与同志二十余人，于民国十六年四月在北平俄国公馆被捕并处以绞刑。陈独秀最后也未能发展其思想而在囹圄之中呻吟以终。胡适的实验主义后来让位于冯友兰的新实在论，冯氏的《中国哲学史》正迎合了当今的学子。冯氏的思想和张东荪一样，都是站在柏格森的哲学立场上，向新实在论并辔绝驰，张氏是"新唯心论"，冯氏是"新唯物论"，可见他们都各自有所发展并开拓出独创的思想。胡适在北京大学暂缓作实验主义的狮吼之时，冯氏在清华大学、张氏在燕京大学呈虎踞龙盘之景象。我认为以上是这一时期中国哲学界最活跃的景况。

与冯氏同时倡导新实在论的人还有张申府、金岳霖以及后来的沈有鼎，为当今的学界奉献了有关论理学的著作。冯氏融合了其思想发展的三个阶段，一边在以讲授程朱之学为其基调，一边为确立他自己的思想而努力。

清同治五年（1866），杨文会（1837—1911）因准备在江宁即今天的南京创设"金陵刻经处"，开始确立大量翻刻藏经的计划。并且为了吾邦续修藏经而努力搜集，也出版其他几种著述，继承其师法的弟子辈出，但他没有所谓研究的著述。民国五年出版四川谢蒙的《佛学大纲》，加上六年在北京大学教授的印度哲学的课程，七年出版梁漱溟的《印度哲学概论》，渐渐地此一方面的研究者在北京大学教授及居士中出现，虽过去很长时间仅限于法相唯识方面，但最近从印中思想的综合研究中脱离，向中国西洋思想的综合比较方面发展，熊十力的《新唯识论》出版，更可视作迈向这一方面的新锐学者的成就。

承袭前述的马克思学派的新唯物论以外的学究，他们都是从西洋哲学向中国的古典研究复归，于是有了建立组织自己的思想系统的意向，今后会有更多的学子向此一方面持续迈进吧。

孙文（1866—1925）的思想表现在其所著《孙文学说》《三民主义》《建国大纲》等书中，若穷究其由来的话，必须上溯自黄宗羲在《明儒学案》中称扬的实践德行，在《明夷待访录》中攻击暴君宣扬民权，孙夏峰、李二曲、顾炎武等辈寄托故国之思，高呼经世致用等主张。从黄宗羲等到康有为的变法维新、梁启超的《新民丛报》、古文学派的巨人章炳麟的《民报》，到民国革命的成功，三民主义纲领明确将民族置于民主、民权之前，自有其一贯的传统。然而国民党的成立，最终在教学中采取了党的主义、主张，渐次将其浸润至学生的头脑里，于是就产生了党的机关人才来教育国民的"党化教育"的名词，由于其和民国政治的本义相矛盾，民国十七年的全国教育会议上，决议取消"党化教育"的名词。中小学有党义的课程，大学也有党义的教学内容，一部分论者认为，罗马因耶稣教成为国教而衰落，和汉武帝推尊孔教而王朝不振一样，因此不久就对党化教育产生反感疑惑，相信其衰落之日必将到来。

民国最初的领导者为了怎样赋予国民政治以哲学的意义而煞费苦心，将民族置于三民主义的纲领之首，依笔者所见，此二事是吾辈非常值得深思之处。

学校已听不到活泼泼的时代哲学的课程，政治也已堕落到没有哲学的政治现状，年轻学子的锐气果然已屈服了吗？即如前述的最初的革命领导者对国民缺乏内省精神而一味煽动排外的情绪，陷入无法收拾的局面仍追寻领导者的错误，绝对不是贤明的学子该为之事。一部分贤明的学子转向自然科学的真理探究，这确是事实。因此，我想从最近勃兴起来的科学思想的发展下笔。

中国关于"科学"之用语，是最近三四十年的创造，其所指在此之前是为"洋务"二字所包含，甚至清葛士濬的《皇朝经世文续编》也增加了洋务一门。1865 年（同治四年）清朝设立江南制造局，翌年设立福建船政局，1871 年（同治十年）奏请泰西留学生，戊戌政变后在大学新添格致科。民国初年出版《科学》杂志，每年出版《时宪历》为任务的中央观象台也改为研究机关。而新设的地质调查所首次出于国家富强之策所主张的科学思想，取为教育的材料，成为纯学术研究的对象，尤其是近年其他形而上的学问也都提倡科学的方法。

今日中国的科学研究该如何进步，这是非专家的笔者无法阐述的问题，但可断言的是，其惊人的进展仍在迈进中。今年自八月十六日至二十一日间，中国科学社、中国数学会、中国物理学会、中国化学会、中国动物学会、中国植物学会、中国地理学会七团体联合会在北平召开。国内其他学会团体大多不见有如此的盛况，这种盛况雄辩地证明了中国科学研究的实情。秉志作为社长，总社在上海法租界亚文培路的中国科学社有着二十一年的历史和三千会员。翁文灏任所长的中国地质学研究所取得的成功，生物研究所在周口店发掘的"北京猿人"遗迹，都足以惊骇世界学界。对地质调查所今天的发展有伟大贡献的丁文江于本年一月五日因煤气中毒，卒于长沙，《独立评论》第一八八号见有张其昀的《丁文江著作系年目录》。笔者为说明如上述那样的科学勃兴的现状，稍再详细报告中国考古学的相关进展。

中国的历史有关三皇五帝以前的研究从未有过。多数学者将三皇五帝的时代作为传说来处理。民国初年由地质调查所主持的河南、奉天的发掘工作，找到了石器时代、铜器时代的遗址，从此中国的史学家中渐渐有些人放弃书架上的典籍而从事依赖于锄头发掘的出土物的研究。考古工作者对中国北部的石器时代的文化及中国的青铜时代的发现和认定，为此所做的引导自不用说，西方的地质学者安特生就是这样一个人。安特生是地质学者，他在自中国北部的奉天至甘肃一带的石器时代的相关遗址上，除了发掘石器，还发掘了兽骨、陶器、骨器、瓷器等等，特别是将彩色陶器的花纹和中亚细亚、南欧进行比较，最终引起了中国史学家对古史的兴趣。新锐学者借由实物进入古史研究，或用出土的实物来证明典籍所记载的史实，如李济便可称作中国考古学的开山鼻祖。

仰韶式的石器的发现，提出了诸如其时代本身是何种面貌，何时开始何时结束，其时代和现代的历史怎样发生关系等问题，中央研究院将此种研究列入了研究经费支持项目。由于一开始彩色陶器在北部中国的甘肃被发现而未见于山东及扬子江一带，中央研究院借由山东济南附近龙山镇城子崖的发掘，开展与上述仰韶式陶器的比较研究，提出了仰韶文化与龙山文化的比较问题，以期更进一步的深入发掘。

安阳殷墟的发掘是近年考古学界的重要工作之一。据持续多次的发掘成果，此时代已有比较进步的文字，由此终于可以作出定论，此时代有最进步的青铜文化。同时从与仰韶、龙山文化的比较角度也有很多问题值得讨论。嗣后的详细情况此不赘述。自今年三月十九日第十三次发掘开始持续了约三个月。本次雇佣工人约七十名，发掘殷代全部的建筑遗迹，目的是了解古代宫殿的规模。发掘物全部现场登记，送往南京研究。

上述考古学的成绩中，周口店的旧石器时代的遗址披露了世界人类学的新发现。周口店的发掘工作在地质学、人类学及考古学上，使中国大地更加引人注目，其研究为世界所重视。这是因为北京猿人及其遗物在正确的科学发掘下被发现。早在1918年安特生虽已注意到此地为哺乳类化石产地，1921年安氏和他的助手师丹斯基一道借再访之机，由此地稀有的石英屑混杂在沉淀层得出了此地有人类遗迹的直观结论。

1923年，师氏又对此地进行发掘，得到了一颗牙齿，他认为属于类人猿属动物的牙齿。这一发掘物被运往瑞典乌普萨拉的怀曼教授的研究室后，由其确认为人类的牙齿（下第二臼齿）。受此事刺激的中国地质调查所联合北京协和医学校解剖学部得到洛克菲勒财团的资助，计划开展两年大发掘，由李济、杨锺健、裴文中、步林、德日进、步达生诸氏担任。结果，发现了人类牙齿及下颚骨，步达生由牙齿的性质给予了一个人类的新属名"北京猿人"。趁此气运，调查所内特设了新生代研究室，建立了新生代的整体研究方针。1929—1932 年发掘工作再次得到洛克菲勒财团的支持，此一时期遂由裴氏发现了北京猿人的头盖骨（1929 年 12 月 2 日），同时发现了与人骨共存的大量石制品地层等，收获颇丰。此人骨经步氏形态学的研究，介于爪哇猿人和尼安德特人之间，相比于形态的原始性，北京猿人因其使用工具发达的事实而受到注目。现在，地质调查所在周口店设立分所，每日使役百人以上的人力持续从事发掘工作。最近又发现了北京猿人之外的属于新型的人骨及其器具、装饰品等。此遗迹的价值和重要性是无止境的。关于发掘成绩今年的报纸虽有刊载报道，但还未到作一总述之时。关于旧石器时代的研究，与中国地质调查所的活动应当一同注意的，是天津北疆博物馆的研究工作。此馆为桑志华及德日进二人布教场所暨研究机构，即将对鄂尔多斯重要的旧石器时代遗迹发掘并撰述报告。最近该馆的考察还涉及山西、陕西多处旧石器遗迹，明确了东亚旧石器时代已经是广为人居住之地。

以上这些给中国最近十数年带来了预想之外的收获。可以推想，今后的十年恐怕还会有更具兴味的发现。

五

五四运动以来，新旧两派思想的对立加剧，即崇拜东方红太阳的青年和西山暮照的老朽的对立。此间标举打倒旧思想，才子佳人的诗词、侠客英雄的小说一跃为表现时代的思想、正确的社会观的文学革命写作。有关文学革命的经过胡适在其《五十年来中国之文学》中有过详细记述。文学革命后的文学，期待产生伟大的作品，其中有曰小品文、曰讽刺文学，如同应时代的风气发出婴儿的啼哭声，在鸿蒙大地上持续前进，却突然传来了周树人——鲁迅的讣闻。笔者因对现在中国的作者方面的消息较为疏阔，对此虽没有什么可以报告的材料，但读过鲁迅的《阿Q正传》，今后此类力作只要再出，也会有想要一读的兴趣。

曾在民国初年激起的新旧两派的斗争，由于被打倒的旧派已见孤城落日是必然之事，现在无须赘言，而高举胜利的新派去向如何，文学革命的大将们从那以后境况如何，窃以为是必须要看清楚的。据笔者所见，那场轰轰烈烈的斗争经过十年、二十年到今天，曾经的新派中又鲜明地分为新旧两派。当时同一阵营中的人，现在又被分为新旧两派。一些作者将其心情、创作心境融入古典研究中，而另一些受时事刺激不停地向忧国而孜孜以学迈进的学子们，遇到了研究方法之选择上的大苦闷。由于建立新的研究方法颇耗费苦心，笔者欲将此名之曰方法论考究派或方法派。当日的新派中人也为时流裹挟，被推到了斗争革命的马上，以为是仇人的首级，取下来一看没想到是自己亲人的惊悚之事也非鲜见，再随时流而动也被认为是愚蠢的，于是抱持着昨非今是的初心想要努力从事研究。此辈在文献的领域上想要开拓清儒所未涉及的地方。对于这些旧派笔者欲将他们名之为文献整理派或文献派，可见原新派的大将们的现状是他们中的大部分都属于今天的旧派。甚至就连胡适，也要反思既往，为何做了所有的工作却一件也没取得成功。据说他曾流露出略有得意的成绩是对于小说的考证，他自我标榜是文献派。

方法派和文献派，这两派的鸿沟逐年加深。琐碎的例子不胜枚举，当方法派发表的一部名著、一个妙论受到称赞时，文献派从自身立场来看却会感到有所欠缺，视之轻泛。同时，方法派对文献派的著述不屑，视作前人的糟粕，认为一看便知是陈腐之见。但笔者却想在此大声声明，两派都对前清的硕学鸿儒发自内心的虔敬，就是这么一回事。两派都认为前儒的著作及精神是伟大的，应该受到后学的礼敬和感铭，对此吾辈需要用科学的方法来研究的所谓方法派，也需要在先人未曾开辟之地利用先人的锄尖继续开拓的所谓文献派。方法派绝不是以《论语》作为薪木的叛徒，文献派也不是高举孔丘崇拜大旆的忠臣，之所以有这样的态度，原因就在于他们都源自同根吧。

笔者极为大胆地为两派的将来试作预测。方法派并不限于方法论的考究，其中的一部分人将来会拜倒在文献派前，但另一部分人的成就是掌握文献的文献派未曾经手的，例如对新出文献的开拓。一方面，文献派被前儒的伟大所吸引，在使用文献的范围及其方法上取得了很多成绩，但过于恪勤而渐趋疲惫，将会失去开拓来者的气魄。

文物古书的出现与学术的振兴都与时代相关。出自孔壁的经传催生了西汉以来的古文经学，民国前十年是古器古字并刊钞旧籍多出的时代，因此学界呈现颇为活跃的景况。在中国只要有人将一种稀见的书称作海内的孤本，人人便争相一睹为快，有财力者甚至将其当作私宝收入。学人则希望将其影印以流布。新出文献一旦被影印了，一部分人会觉得大功告成，可束之高阁。看来是有这种倾向的。职此之故，如要推知将来学界的动向，最关键的就是要弄清楚对新出文献的研究的态度究竟如何。

本年六月十三日，突然传来清末民初的古文学派的泰斗章炳麟逝世的消息。有关其学行已有论述，兹不赘述。章炳麟近年移家苏州，与诸生创立国学讲习会，发行《制言》杂志，以垂老之躯作读经运动的狮吼之姿。他的逝世，虽给予侍奉其讲席之侧的学生的打击如同人琴俱废、大厦将倾一般，但如前缕述学界的实情，好像也没有那么大的影响。

江瀚，字叔海，福建长汀人，生于四川。光绪十九年以布衣任重庆东川书院山长，三十二年任京师大学堂师范科监督，宣统二年任京师大学堂经学分科教授，民国元年任京师图书馆馆长，十七年任京师大学校文科学长、故宫博物院理事，二十四年十二月逝世，年七十九，其著有《孔学发微》二卷、《石翁山房札记》九卷、《诗经集说》八卷、《论孟要义》二卷刊行。

王树枏，号晋卿，河北新城人，前清光绪丙戌进士，历任四川各县知县，遭弹劾辞职，受知于张之洞，入其幕府，为新疆布政使司，民国后任新疆省议会议员及众议院议员，民国三年任参政院参政、国史馆协修，民国九年任国史馆总纂，民国十四年，段祺瑞执政时任东方文化事业总委员会委员，兼人文科学研究所副总裁，民国十七年受张学良招辞去委员，近年蛰居北平，今年春去世，年八十六。其著有《尚书商谊》《天元草》《费氏古易订文》《离骚注》《校正孔氏大戴礼记补注》《陶庐笺牍》《尔雅郭注佚存补订》《赵闲闲诗集年谱》《广雅补疏》《陶庐文集》等，辑有《陶庐丛刻》。

顾震福，字竹侯，淮安人。今年四月北平逝世，年六十五。南菁书院、学古堂出身，其经学受教于黄以周，旧与林颐山、柯劭忞往来，光绪丁酉举人。为淮南乡里教育尽其心力。晚年来北平，于女子高等师范教授诗文词曲七年，现在以女流作家而知名的冯沅君是其弟子。其著《小学钩沉续编》《方言释名校补》《古今注校正》《韩诗遗说续考》《齐诗翼氏学发微》《左传贾服注辑述》《孟子刘熙注辑述》及《隶经杂著》甲乙篇等力作，系其壮岁时已付梓。其人过于冷淡，如此名著也只印刷了几部，并不轻易示人。晚年耽于诗谜的趣味，印行《跬园谜刊》三种，又著有搜集古泉的《泉说》。

去年穷冬江瀚辞世，今年春王树枏辞世，继之以顾震福，就笔者所知此一年间便有三位老学物故，稍有故旧之间天人永隔之感，当今的学生对三位老者的下世毫不关心，他们的寂归道山，也是时代潮流使然吧。

（昭和一一．一一．一〇/一九三六年十一月十日记）

北京文学界的现状

一、值得期待的将来

事变之后文坛人物和作家群也并没有彻底去往成都、昆明。小品文学和随笔作家们在事变前已呈文才蔚然之态势。听闻其大将周作人已担任现在的"北京大学"文学院的院长。① 这里小品文学作家云集当然也就是不争的事实，老教授钱稻孙作为作家的地位已为我邦人所熟知，今不复举。年轻教授沈启无、尤炳圻二氏也作为周氏伞下的健将疾驰而来——尤氏翻译了夏目漱石的

① 此处指"七七事变"后日本侵略者和伪中华民国临时政府共同扶持组建的伪北京大学。下同。——译者

《猫》。我想用"小品大学，少年老师"一联对句来祝福"北京大学"文学院的前途。

这并不是以揶揄的心情来说文学院的年轻教授们。日本学界老辈的酸化铁层和少壮的真铁间有着微妙的僵持，中国则两层之间还未僵持而正活泼地进行着分解作用，正因为如此，才有发展性。这样的新旧关系，对我们是无限的嘲讽，对于彼等则是毫无二意的绝大的赞赏之词。

正因如此，女子师范学院的苏民生，新民学院的张寿林，《实报》社的王代昌，原《朔风》杂志的主编方纪生、陆离二氏，此外还有陈介白和傅芸子、傅惜华兄弟等，他们都是居于此圈子外的小品随笔作家们，都在大学院外，一呼即应。笔者交往的纯学究如谢国桢、班书阁、谢兴尧诸氏，他们也像评论家一样被卷入其中。这些变化是在痼弊丛生的社会组织上所看不到的现象，但确是事变后的华北的一个很大的动向，往后尚需注意。

话虽如此，中国的这种分离作用正和平举行，其发展态势是很恐怖的。民国十七年后的中国，也因此而意外地强大起来。笔者对此现象从来都未曾松懈注意，有着眼不见为净和未居高位的焦虑。

事变之前，接近周作人的作家已很多。他们中如俞平伯、徐祖正二氏对当下的北京保持沉默。如果将来这些人也能鸣声的时期到来的话，学界也能恢复到事变以前的活跃，应该还会加入相当新鲜的味道吧。

《实报》社的社长管翼贤自身未臻作家行列，在他身边依附着以《小实报》主编王代昌为首的，王家驹、王石子、侯小君一干人等，管氏可谓文坛元勋之一人。管氏已回到北京，那些作家虽然也像之前那样聚集在他手下，重新整合原有阵容，但似乎也还没有调整到原来阵容的规模。

这时张深切主编的《中国文艺》登场了，《中国文艺》刚在去年秋季发出了新声。事变后少有刊物发行——即便有也尽是那种外行杂志，《中国文艺》在浩劫世界展现其飒爽英姿。一些没有翅膀空飞售卖——毫无实力和内容的刊物，现在也完全席卷了华北。据周、管两位周边的作家发表在《中国文艺》的情况看，事变之后，分散于各地的作家们是被召集到此杂志中的。

二、无名作家辈出

此事变之下，日本战争文学丛出，中国则一篇也见不到，这究竟是怎么回事呢？有人给出了中国败战所以没有出现作品的解释，认为如果捷战传到蒋介石方面的话，一定会有战争文学的杰出作品吧。

阅读了上一期《中国文艺》上曹堃的小说《迷途》，其取材于八路军的女战士在北京从事地下工作的过程中被发现而遭逮捕的事件。笔者平时对这方面题材并不怎么关注，将此事变取材入小说的仅此一见。此小说没有再读的价值，称不上是杰作。但即便是初生儿这样营养不良，也会让人觉得是一个充满朝气的婴儿，这种现象也确实存在。

据我看，事变后的旧文坛已处在溃灭的生死存亡之际。这也可以看作是一个新的现象。可以想见，在战争中掇拾起已被废弃的旧文坛的残骸，涉足《三国志》等系统的作家，如陈慎言等的小说，在北京作家圈内被遗忘，但作品却满载在地方的报纸。曾在北京的报纸上博得好评的陈氏力作《斯文人》，稍加修改后再次在北京的报纸上与读者见面。

旧文坛渐趋溃灭，新作家已起势。起先有笔名文俊的作家的《团圆节》在《中国文艺》上崭露头角，张剑鄂的《初恋日记》、笔名沈樱的《在监狱里》、曹原的《老医师外传》、士真的《王大妈》、唐楷的《肚子》等近作小说登上文坛，这些无名作家稍经时日后，他们的本名也一定会为人所知，自然而然地占据北京文坛的一席之地。现在就如同"不知咏人"的无名作者辈出的时代。

就像上一期《中国文艺》那样，所谓小品文学的随笔作家也开始行动了，无论剥落旧壳，披上怎样的新衣，洪艺苏、林枢、曹宝琳（《青年呼声》的主笔）、朱启洛、杨炳辰诸氏将来会得到更多的期待。

戏曲家陈锦和张鸣珂（以舞台装置而知名）、《艺术评论》的刘凌沧、从法国留学归来的张维之等以其各自迥异的立场而显露于今日的文坛。更高级的则有新旧诗的作家傅嵩楣，还有女流作家唐芮女士出版了近作《淡蓝的花与红叶》。

如此看来，华北文坛也有值得期望的将来。话虽如此，目前华北文坛也仅局限于北京，天津、青岛的作者还没有显露出来。而在北京热卖的《中国文艺》，在上海却基本上读不到，上海的读物虽在华北能买到，但也售卖不佳。

北京的学艺界

作为文化的都城，老儒、文士诗人、书画家、古董爱好者等五光十色的存在，为北京增添了多少风雅啊。现在那些了解过去的人却如辰星寥落般不堪寂寞。无论从哪方面看，一二老辈的显立，就像是山巅的孤松，其干枯的枝干沐浴着夕阳。涧底的雏松虽然葱郁勃发，但山巅的古木始终令人心酸。

被提携参加文人高会的笔者，总是被他们羡慕"年轻"、奉承为"翩翩少年"等。年过八十的赵尔巽翁，每次见面对我说："你看着只有十八岁。"被少壮学者云集的思辨社招引为同人时，笔者是其中最为年少者。

由赵尔巽和柯劭忞统领的清史馆，集合了一代硕儒老学，也是雍雍雅雅的世界。傅增湘的藏园每年招饮在京的进士，回忆翰院之盛事，留影纪念虽已成惯例，如今所剩却不足十人。只傅氏尚健在，老而益旺，边从事校书边关照年轻的学生，每日都一副总嫌时间不够、忙忙碌碌又值得信赖的样子。其藏园拥有万卷藏书，华北的藏书家，现在除了傅氏，一个人也没有了，天津李盛铎的木犀轩藏书在其死后已为"北京大学文学院"所收购。他尤视古书校订为生命，其《读书记》正在再版。自入民国以来有大规模的出版计划时，他总能从其秘藏中提供资料，对出版文化的贡献也很大。在他的统率下，大规模的编纂事业也完成颇多。如出版已故徐世昌主编的《清儒学案》，《绥远通志》也已脱稿，他现在正在编纂拟集宋以前四川人文章之大成的《全蜀文》。

至于近三年间在当地物故的进士出身的翰林，有以清朝帝师而为人所知的陈宝琛，其遗有诗词集《沧趣楼诗集》《听水斋词》，其身前的书法笔墨也很受时人的珍视。瑞洵虽位至科布多参赞大臣之职，然因其伉直的性格而晚年孤寂，逝世于净业湖畔的僧庵。其著《犬羊集》《散木居奏稿》由敬慕其人的我邦人铃木吉武付印。以清末名御史而知名的高润生，其晚年也颇为贫穷，虽苦于米资而去世，但其名著《尔雅谷名考》也能作为名著而永久闪耀吧。俞曲园之子俞陛云也已去世，其孙俞平伯原为北京大学、清华大学教授，文学研究者，又是以作者才名而被讴歌的少壮学者。据闻事变后闭门读书。以藏书家和书志学者闻名的李盛铎，在日俄战争前曾为驻日公使，笔者数次听闻他说受到明治天皇的礼遇而感动，后在天津逝世。其子李少微能很好地继承家学，直到最近为天津县知事而取得成绩。作为八旗文学的泰斗，《雪桥诗话》的著者杨锺羲也于去年逝世，晚年其品格也为我邦人所歆慕。① 当今旗人出身研究八旗著述，并收集他们著作的恩华，也是进士。达寿、文斌等四五位出身旗籍的进士也还健在。并非进士出身的奉宽熟稔前清的历史掌故，又通晓满、蒙、藏各种边疆古文字，被认为是现学界的至宝，现在安心为我们东方文化委员会执笔。郭则沄现为北京诗界的大将，以才丽健实的诗风执词坛之牛耳，啸麓还有蛰云的别号而为人所知。以老书家知名的邵章字伯䌹，其笔力老而益发典雅，也是诗词作家。张海若以六朝书风而知名，其对佛像拓片等的摹写有着前所未见的技艺，也是曾闻名于世的豪饮家、洒脱的文士。

高卧于燕京大学学园的张尔田，是现存的硕学中笔者最为尊敬的人。其家代代出学者，氏著《史微》是我邦内藤湖南博士都推奖不已的名著，儒佛词章方面也均有造诣，著述颇多。不仅如

---

① 民国十二年溥仪授杨锺羲南书房行走，伪满立，授奉天"国立博物馆"馆长，未赴职。——译者

此，他高雅的人格使人端正态度。其侄张东荪是燕京大学的教授，是当今中国哲学第一人。他并没有留学欧美，只短暂在东京的东洋大学的前身哲学馆学习过。其深湛的哲学论文给年轻学子示以南针，受到学子的敬爱。去年，罗振玉、杨锺羲，还有深研儒学并著有《四库全书总目提要补正》这一浩瀚著述的胡玉缙和作为文选学者、又在词章学方面有著述及深厚学殖的高步瀛等几位老学凋零，颇为岑寂。精通边疆历史的吴燕绍虽健在，但其众多著稿一部也未面世。其子丰培现为辅仁大学讲师，讲授西北史地，堪慰乃父老怀。公开出版《周易古筮考》《焦氏易诂》等的易学新开拓者尚秉和近来多病，在此祈祷其健康。其高弟黄之六乃英年笃学者，师承有自，有望其愈发进步。曾与吴承仕同在中国大学的笃实考证学者，又有深谙词章之学的孙人和，现在中国大学、辅仁大学指导学生。被誉为章炳麟门下"四天王"的成员中吴承仕、钱玄同二人虽在北京，但本次事变后吴承仕首先在天津为洪水骚扰之际归平而病逝，接着钱玄同也在学友星散的寂寞中离世。章门只有曾任北京大学教授的马裕藻独自一人在北京读书生活。

历史学界则在事变发生不久之后，便失去了孟心史、孟世杰两位，十分可惜。孟心史原先在日本留学，研治法律史，此后研究明清历史，出版有力作《清朝前纪》，其大名也传到了日本，曾为北京大学讲师。原师范大学教授孟世杰也是中国近世史研究专家，印行有《中国最近世史》等。此等情况的历史学者尚有现辅仁大学校长陈垣和燕京大学教授邓之诚二人健在，可为依赖。陈氏的元史研究所产生的著述及论文受到了我邦学者极大的尊敬，《二十史朔闰表》《元典章校补释例》《元西域人华化考》等迎来大量好评，现有著述也在出版之中。邓氏的史学，尤其是至难的通史研究，其巨著《中华二千年史》作为压卷之名作受到国内外人的欢迎。其对于历代史事研究特别是明清政治制度掌故等造诣为他人所不及，又给青年学生以亲切指导，其门下聚集了一批英年学者。他的旧著如《骨董琐记》这般有趣味的读物也很有意思，我邦求购者也很多。

新民学院的教授谢兴尧编刊太平天国史料丛书十三种，以研究太平天国历史而知名，在其研究中倾注了渊博的学殖，未刊的著述也很多，深研掌故官制之学。他编著有《晚明史籍考》《清开国史料考》，在孟心史等学者故去后，是能持续此方面进行历史研究，专心于著述编撰的不二人选。新民学院教授班书阁，也为《续修四库全书提要》出力，他有关史学的著述很多，近期应该会发表有关侨置的研究。孙曜是《清史列传》的实际著者，但未被人所知，他在事变后短暂出任新民学院教授，其去世诚为可惜。

其弟孙光沂也精通史学，现以笃实的研究继承兄长的事业，为《续修四库全书提要》倾注心力。其他史学方面的少壮学者亦复不少。以地志研究而知名的谭其骧、朱士嘉等，都在平静地进行着研究。

现在还应提出的老学者是吴廷燮，现已年过七十，精神矍铄，有着异于常人的记忆力，其大量著作被逐步印行，从其自撰的《景杜堂纂辑书目》目录所见，现存学者中恐怕还没有比他著述多的人。特别是他对明清实录等的研究，近世颇不易得。此数年来则专心于续修提要，时常以老迈之驱赴南京指导《江苏通志》的编撰。其身躯肥短，盛夏之时亦穿着厚重的棉袄，好酒，受知于袁世凯、徐世昌等，曾任顾问。李泰棻现为北京大学的史学教授，著有《西周史征》《方志学》等著作。

现因病而杜门谢客的中国新旧法律的研究者程树德，出版有《汉律考》《九朝律考》《中国法制史》等多部力作，未刊著作稿也正在印行之中。他对中国法学贡献很大。司法委员会前委员长董康现在法源寺寓所，以读书为乐。作为深通法律学的民国司法界元老，他还精通书志学，著有《书舶庸谭》，对出版文化贡献尤大。

晚年发起营造学社，给中国的建筑学留下巨大成绩的朱启钤现仍健在，正在肩负该学社的事业。年轻的建筑学者在事变后都南去了，没有一人留在此地，很是寂寞。该学社因与我邦关野贞、伊东忠太两博士极为亲密的关系而维持。在该学社尚未成立之前，朱启钤为历任交通总长、内务总长时期策划实施各种文化性质的事业。笔者曾刊行《朱启钤文化事业特刊》，向世间披露此事，希求我邦人与他合作，也已是十七八年前之事。

中国的佛学界，始终于居士之间讲求，北京大学钻研佛学是很迟的。事变后本就不多的几位学究也已四散，仅周叔迦一人作为北京佛教学院院长努力指导后学。他刊著有《唯识研究》《牟子丛残》等。居士林的高观如也出版了几部著作，其大部头的如《佛教年谱》《佛教文类》《道家著述考》等尚未刊行。

事变后，金石考古学者如北京大学教授马衡也已南去，燕京大学教授刘节亦未北上，去年冯汝珍老病去世，现颇为岑寂。作为书画家而知名的周肇祥与其说深湛于金石学，毋宁将其书画视作余技。关于古物鉴定他有着今人罕见的眼力，曾在举办日中绘画展览会时赴日，《东游日记》记录其摩挲流传到日本的古物，是饱含学养的游记之作，至今发表著述不少，又《辽文拾》等其他未刊著稿多有。事变后他于地方维持会①尽心文化方面的工作，曾长期任古物陈列所所长，古物保存与他有着无法切断的关系。杨啸谷虽也徒以书画古董鉴定家为我邦人所知，但他的某些学术也值得赏识。他曾屡次来游日本，其《东瀛考古记》述及正仓院御宝的考古，也发表过有关大同云冈石窟的研究，他还收集很多资料尝试撰写有关"纸"的著述。陆和九又以书画家或篆刻家而为人所知，在中国大学讲授金石学，已刊行的讲稿有其独创的见解。还有篆刻家寿石工，石工系其别字，又字印丐。王福庵、程白葭去南方后，他的篆刻越发受到世间很高的评价。还在艺术专门学校教授学生。但他自己对篆刻雕龙的技艺肯定有着"虽壮夫不为"的气概，他的词章名作亦多。于非庵也善篆刻，但他又是画家兼文人，对掌故之学颇多蕴蓄。

在清康熙以前国内尚未一统，为了大一统，需要以宋学即理学为根据的伦理的政治来作为指导原理，舍此无二，宋学被置于御用之学的立场便是当然之事。然而到乾隆时代才统一，实现天下升平的黄金时代，其学术则渐渐趋于考据之学，由宋学上溯至钻研汉学，其基本是想要复古所谓东汉的学术。相对于这种古文

---

① 北平地方维持会是脱离国民党政府管辖的日伪地方政权。——译者

学派，更产生了上溯至西汉的学术气概，即所谓的今文学派。尽管如此，古文学派的经书都很完备，资料也很整齐丰富，所以无论今文学派发起怎样的对抗，无论其观点是怎样的堂堂正正，也只因一个是复古东汉而另一个是复古西汉的所谓的差别，能支持今文学派的资料是没有古文学派那样完备丰富的。但对于"十三经"，只有一部《春秋公羊传》完全保存下来。想要以此与古文学派对抗只不过是以卵击石，胡闹罢了。

然而时势终不能像乾隆时代那样讴歌升平。内忧内患已起，外患又迫在眉睫。这样的时局下一味考证的汉学不但不中用，也无法指导时代精神。因此今文学派在资料上的贫弱，除了自取灭亡外，在没有出路的苦闷之中，就从《公羊传》和《礼运》中发展出极端的思想，用思想来和古文学派对抗，以鼓动时代的潮流。他们与革命思想相结合，到了康有为的《新学伪经考》那里，认为一切古文学派的经书都是伪经，夸下海口要与之相斗。

于是民间革命举起烽火，因清室的颓废，今文学派本应如野火燎原般席卷学界，但限于资料上的贫弱，不论其有无真伪问题，也不能将信奉了两千年间的古文学派的经书全部牺牲，因此经文学派仅仅满足于革命成功就向其他方面掉转了舵柄。

这样今文学派的余勇朝向哪一方向呢？一是对中国古籍的真

伪问题的研究。其原因便是民国初年以来古书真伪问题的研究活跃。另一方面，相对于古文派复古东汉，今文学派则秉持西汉复古主义，由西汉更进而上溯至古史的研究。我认为处理这两个问题在学界扎根的是顾颉刚等人的《古史辨》，而替今文学派固守最后残垒的是钱玄同。

古史的研究多亏有一批好资料提供。那就是清末从河南安阳县小屯村发掘出的殷墟文字，即甲骨文字的发现，这里发现的大量殷代的史料稍稍能考出些殷史，据此可知至少殷代不是假说的时代。在发现甲骨文以前，中国的历史如《十八史略》等书写的那样，是从"三皇五帝"的假说时代写起，现在能从确实有的殷代开始写起，这是给予历史学家"真史"的自信。

殷代文字的发现给文字学带来革命，这也是理所应当的，迄今为止溯自《说文》时期而得的文字，因被不合理地赋予了后汉的统一的时代意义，所以古字的意义也必定不像《说文》所说的那样。有必要弄清楚更早的金文和甲骨文字间关联，此即提倡金文、甲骨文的研究，以及古音的研究。

目前北京此方面的学者有于省吾、孙海波。于氏尝试从甲骨文、金文来对《诗经》《荀子》《穆天子传》作出新的解释。以前解释古书之义只能上溯至《说文》，而现在能利用三代文字考释古书的字义。孙氏不仅出版了很多有关甲骨文字的著述，其研究还涉及古音学，为发展浑然融合汉学宋学的学养而努力。文字有字义和字音两方面。字义方面，从被发现的甲骨文和金文——之前所谓的"金文"是指被刻在青铜器上的从殷周到先秦时期的文字——可以考见其字义。但是文字的古音方面却显示出颇为复杂的变迁。由于时代、地方不同的变迁，从后世人看来就甚难探究，但是文字，一般来说先有音后有义，大概经过了这样的发展路径，所以不能将文字的古音、古义切分开来研究。

但是，关于古音不仅资料甚少，而且也没有完整的研究著述。应该以哪里为基准上溯到古代呢？现在的所谓字音各个地方差异都很大，这是众所周知之事。面对这一难题中国的学者很长时间内也搞错了方向。依笔者之见，可遵循以下两条路径，来落实研究工作。一个是现在中国各地所使用的方言的相关调查，从其异同，考明其系统，或可得到了解古音的线索，这一时期学者们都朝此方面工作。赵元任、白涤洲及其他人现或去世，或去往西南，没有一个留在北京。另一个路径着眼的古音研究，是以首度被整理的某一时代的古音的记录《广韵》为基础，将其作为阶梯而迈进。注意到此点的前清学者虽也有很多，但还未涉及整理《广韵》系统相关古音的构成的工作。辅仁大学研究部名誉教授沈兼士指导下的刘诗孙的《广韵》研究，近期将发表相关的成果。沈氏乃长期作为北京大学的教授，讲授文字学。

再来一窥北京的诗书画界。易顺鼎、樊增祥等执北京诗坛牛耳之时，诗歌作者甚多。梁鼎芬、罗瘿公、王树枏、柯劭忞、陈宝琛、杨锺羲、秦树声等老辈十余年间皆已凋零。作为民国诗界一大宗派江西派的作者，陈三立与其《散原精舍诗》同为后世传颂，诚为巨擘，在其伞盖下的民国作家很多，陈氏近来在北京去世。作为后劲的黄节、邵彭瑞等虽有值得期待之处，黄氏晚年却将心血投注于汉魏诗集注释的刊成，其向文坛进发的《蒹葭楼诗》甫一开版，黄氏即去世，很是可惜。邵氏与其说是诗家，不如说是词家之巨手，治学范围非常广泛，其晚年我认为是发挥了文才，邵氏赴开封并去世。孙雄率领多位小诗人跃上诗坛，曾在北京组织诗社。希望此人长寿。

今日所知尚存者如前述的老诗人郭啸麓，尚未见其有自建诗社的心情。说起来与江西派的风格相近，少壮的作者有黄孝纾、瞿宣颖等四五作家冒出。在傅增湘的召集下的翰林诸老，创设了馀园诗社，发行月刊《雅言》，汇集了郭、黄、瞿诸家之作，出版多达十二卷。现"华北政务委员"王揖唐原本嗜好吟咏（这和前委员长王克敏一样），曾主持采风社，收集著录全国作家的近作，王氏自己草撰《今传是楼诗话》，这些都是一直持续到事变之前。这些诗社对于中国诗界是不可缺少的存在。所谓诗书吟咏作为一般的素养，不应仅仅是专家独占之物，学者、政治家、银行家等所有的士大夫阶级都可以拥有的。王揖唐主持的采风社虽停刊，但他尚有心情帮助馀园诗社。

北京的诗坛今日虽然寂寞，但这里伟大的老文人尚健在，如前述的张尔田，此不赘述，其他如翰林出身的进士夏孙桐，以八十岁的高龄出版了《观所尚斋诗存》。与其说此二人是诗人，不如说是词人而知名，是词作的一代宗师。笔者殷切企愿两人都健康。

进入民国，章草体的书风盛行。所谓章草体是介于隶书和草书之间，汉代的上奏文即此类。以此类书体知名的余绍宋、叶恭绰等离开了北京，周肇祥、卓定谋二氏则居于北京。周氏之事前已述及。卓氏从书学上研究章草体，不仅出版了名著《章草考》，还尽力收集属于此体的法帖，因明清遗迹甚是稀少，故若得一旧拓，都付珂罗版印刷。希望卓氏更为提倡此体而努力。近年物故的善书者，前大总统徐世昌善草书，罗振玉的篆隶也留下了近世难得的名作，康有为、梁启超的南北朝体，秦树声的隋体，丁佛言的钟鼎金文，吴昌硕的石鼓体，梁鼎芬的柳叶体，再加上以才学风度为书体的章炳麟的遗墨，皆为今人所珍重。此前亡故的陈宝琛的书风系徽宗体，当今如前述的杨啸谷也精研此书风。

还有馆阁体，是指明清以来用于翰林院考试的书体而渐被定型的书风，近年物故的杨锺羲、朱益藩等被认为属于此体。彻底贯彻这种书风的，我认为有清末的盛伯羲，现在有傅增湘。因为现在少壮学子的书风是追求乾隆、嘉庆的学风，所以可以说敬慕乾嘉学人的书风的人也很多。

书风近似刘石庵、铁梅庵的宝熙仍健在于"新京"①。老书家冯恕、邵章、张伯英等高龄居于北京，都很鼓舞人心。邵氏为知名词章家，又通书志学。张氏的书风可见其兼取了南北朝体和苏东坡体。天津擅篆刻的马吉璋近年似已去世，南北朝体的魏镇山仍健在。曹汝霖、方若等名士的书风展现出日臻老熟之境。

十数年前的北京画界画家辈出，颇为热闹。陈师曾为名诗人陈三立之子，保持了雄浑的笔致，其作品格甚高。画花鸟的王梦白、陈半丁，画山水的汤定之、萧金泉、萧谦中，金石学深厚的姚茫父，其他如齐白石、胡佩衡等，汤定之现已南去，除谦中、白石、佩衡在北京外，其他皆已去世。谦中现似静隐僧庵摆弄画

---

① 1932 年，伪满政府置长春为"新京"。——译者

笔。白石盛誉日高，其独创的画趣为年轻学子所仰慕，他的木工出身和独特的径路与其特异的画风一道为世所宣传。对这些人的笔致，我邦画家中有很多人表达了尊敬。金拱北、周养庵（肇祥）发起了中日绘画展览会。金氏乃临摹画作的名家，结集湖社，颇多少壮画家在其号召下集结。中日两国的画家联袂在东京、北京或上海数次开办展览会，为一时之盛况。

金氏殁后中日绘画展即遭停止，群龙无首之时，张大千来到北京，与溥心畬二人声誉急速高涨，"北溥南张"之呼声被传开来。事变后张氏离京，黄宾虹提老躯从南方来到北京。黄氏关于美术的学养甚深，又对美术界贡献尤大。原革命诗人结社的南社旧同人在华北的只有他一人——汪兆铭亦南社同人。其次还有于飞厂的画，也为斯界所知。自入民国以来，画界的风气直指前清的石涛、蓝瑛、八大山人、李复堂等。由于上海的吴昌硕以此而博得大名，能见到一代的风气向此滔滔进发。但由于末流只图浅近地模仿吴氏的画风，可说是吴毒弥漫，臭不可闻，以至于现今少壮画家都无法从其流毒中振拔出来。

给笔者特别印象的画家有陶鉴泉。他对一点一画反复深刻研究，一幅作品完成要耗费数月，不求出售，而且对自己作品郑重的态度，笔者在其他画家处还没见过。这种狂人式的性格有人会认为是像八大山人。他曾经看到给笔者的一幅小品画有些微折痕，便勃然大怒。他是司法委员的秘书长陶洙之兄。此外尚健在的宫廷如意馆派的画家徐燕孙，在他之后此类画风便已不传。

新文学界的大将周作人位居"教育督办""北京大学文学院院长"，[①] 其在民国文学界的地位此处毋庸说明。周氏的知交虽多已星散，俞平伯、徐祖正、苏民生等尚居北京。在这位大将的伞盖下会有很多新文学指示的动向吧。日本文学研究除了周氏外，钱稻孙、傅仲涛两先辈因居北京而颇受鼓舞。以中国小说研究知名的孙楷第今在北京图书馆工作。旗籍出身的傅惜华也是此方面的专攻者，对中国戏剧学造诣也很深，他作为"北京中央广播电台"文艺科长应该也可以说是得人吧。[②] 关于其他新进作家，这里就省略不叙了。

（醉轩潜夫）

---

① 1939 年，周作人出任伪北京大学文学院院长，1941 年 1 月，出任伪华北政务会教育督办。——译者

② "七七事变"后，日伪北京中央广播电台全面控制了北平的广播。——译者

江叔海学行记

奉盐谷节山博士之命投寄江瀚追悼记文是在春二月。然直至今日江瀚一周年忌日竟未能执笔。我欲整合现有的资料与追忆，记录其年谱和学行，一偿笔债。（一一．一二．一七，于北平）

一、年　谱　略

清咸丰七年（丁巳）　一岁

江叔海，名瀚，别号石翁山民。福建长汀县人，父祖以来三世居于四川。咸丰七年十一月初三日生于华阳县。其人操四川话，何维朴赠诗"坐闻蜀语心先喜"句，注："君生于蜀，不能操土音，余初以君为蜀人也。"

光绪十二年（丙戌）　三十岁

于苏州著《吴门销夏记》。

光绪十九年（癸巳）　三十七岁

是年以布衣任重庆东川书院院长，在任凡四年。

光绪二十年（甲午）　三十八岁

九月，《吴门销夏记》三卷于东川书院印行。自为之序。

光绪二十二年（丙申）　四十岁

致用书院成立，以都讲掌其课程，作《致用书院记》。

光绪二十三年（丁酉）　四十一岁

为江南学政江标（字建霞）长沙校经堂所聘。

光绪二十四年（戊戌）　四十二岁

由江南巡抚陈宝箴（字右铭）、江苏学政瞿鸿机（字子玖）保送经济特科。

光绪二十六年（庚子）　四十四岁

吴庆坻赠诗有"乘槎志远薄通侯"句，注："君有游欧洲之志。"

光绪二十八年（壬寅）　四十六岁

由兵部侍郎都察院左副都张仁黻（字劭予）奏保经济特科，未应试，即为四川都督奎俊（字乐峰），安徽巡抚、浙江巡抚

聂缉椝（字仲芳），广西巡抚柯逢时（字逊庵）之幕客，被保荐
为知府候选道员。

光绪三十年（甲辰）　　四十八岁

为江苏巡抚端方（字午桥）推荐，游历日本。《东游绝句》
四十首见其《慎所立斋诗集》卷六。

光绪三十一年（乙巳）　　四十九岁

为江苏高等学堂监督总教习。

光绪三十二年（丙午）　　五十岁

代理江苏两江师范学堂监督。闰四月，经学部奏请任学部
总务司行走。七月，任大学堂师范科监督兼教务提调。

光绪三十三年（丁未）　　五十一岁

二月，由学部派遣视察直隶、山东、河南三省学务。九月，
试署学部参事官。十二月，为参议上行走。

光绪三十四年（戊申）　　五十二岁

二月，补授学部参事官，另以道员在任候选。五月，受湖
广总督陈夔龙（字小石）以人才举荐。九月，受召见，以道员任
军机处存记事务。

宣统元年（己酉）　　五十三岁

著《孔宗篇》，其书成后改名《孔学发微》。《诗经四家异

文考补》一卷，辑刊入《晨风阁丛书》。

宣统二年（庚戌）　五十四岁

正月，任京师大学堂经学分科教授，兼任女子师范学堂总理。四月一日，钦选资政院硕学通儒议员，二十六日，去河南。六月十二日，兼任清理财政局会办。十月，加二品衔。

宣统三年（辛亥）　五十五岁

四月，署任河南布政使。七月，回原任。九月，由咨议局推举，督办河南全省守望社事宜。十月，请假去官。

民国元年（壬子）　五十六岁

六月，由教育部任京师图书馆馆长。

民国二年（癸丑）　五十七岁

二月二十六日，署任四川盐运使，辞职不就。

民国三年（甲寅）　五十八岁

一月，经内务部总长朱启钤举荐，任地方行政讲习所教务长兼编订礼制会会员。四月二十五日，任第二期知事试验主试委员。六月，任政事堂礼制馆总编纂。

民国四年（乙卯）　五十九岁

一月十三日，任参政院参政。四月，作《地方行政讲习所同学录序》。八月，出席京兆国民会议，选为审查会员长。九月，任地方行政讲习所所长。

民国五年（丙辰）　六十岁

六月，被派任为文官高等考试典试官，归后任总统府顾问。九月，《孔学发微》三卷在北京印行。

民国八年（己未）　六十三岁

二月，再游日本。

民国九年（庚申）　六十四岁

为竹添光鸿《毛诗会笺》作序。

民国十一年（壬戌）　六十六岁

四月，被授予二等大授宝光嘉禾章。

民国十三年（甲子）　六十八岁

《长汀江先生著书五种》于太原印行。

民国十五年（丙寅）　七十岁

作友好诗颂七十寿。其诗辑入《片玉碎金》中。

民国十六年（丁卯）　七十一岁

十一月，任礼制馆馆长兼总编纂。

民国十七年（戊辰）　七十二岁

一月，任京师大学校文科学长。六月，代理校长。十月八日，由国民政府任命为故宫博物院理事。

民国二十年（辛未）　七十五岁

四月，与胡玉缙东游。

民国二十一年（壬申）　七十六岁

五月，与傅增湘（字沅叔）等有华山之游。

民国二十二年（癸酉）　七十七岁

七月，出席南京故宫博物院理事会，代理理事长。《南行纪事诗》一卷印行。

民国二十三年（甲戌）　七十八岁

春，辑师友之书札成《片玉碎金》一册，影印送诸友好。

民国二十四年（乙亥）　七十九岁

十二月十七日，逝于北平小方家胡同寓所。有庸、尔鹗二子。

二、著述与学术

对于江氏，就像其生前一样，本篇也用"叔老"亲切地称呼他。叔老长子庸，字翊云，曾任私立朝阳大学校长，今在上海以律师营生。江庸示及笔者叔老遗著目录，记录如左：

《孔学发微》三卷　　　　已刊

《石翁山房札记》九卷　　已刊

《诗经集说》八卷　　　　已刊

《论孟要义》二卷　　　　已刊

《慎所立斋文集》四卷　　未刊

《慎所立斋诗集》五卷　　未刊

《郑氏亲属记增订》二卷　未刊

《诗经集说》八卷未见，《诗经四家异文考补》一卷未被记载。《论孟厄言》一卷与往昔在京师大学校撰成的《论孟精义》若干卷也未能刊载，《论孟要义》二卷刊本是否就是所谓的《论孟精义》？文集四卷、诗集十卷已刊印，目录有诗集五卷，诗文集均记为未刊。《郑氏亲属记增订》二卷中的上卷，已为《服部先生古稀祝贺纪念论文集》辑入并刊印。《长汀江先生著书五种》系民国十三年春由其弟子在山西太原印行，辑有《慎所立斋文集》四卷、《慎所立斋诗集》十卷、《孔学发微》、《诗经四家异文考补》一卷、《石翁山房札记》九卷。诗集有新印，札记除增修旧印《吴门销夏记》外，其他三种即用原印本再行付印。

《诗经四家异文考补》一卷为《晨风阁丛书》开篇所辑。我认为该书是从唐残本《玉篇》《一切经音义》《玉烛宝典》中辑出而补陈乔枞所不及的名著。叔老治经尤擅长《诗》学，其以《诗》学专家的声誉早为人所周知。曾在竹添光鸿《毛诗会笺》序中曰：

> 夫参考三家，以扶翼微学可也。屏弃毛诗而仅守不备之断简，不可也。士生今世而欲窥诗教之全，洵舍毛诗无由矣。

此文见《慎所立斋文集》卷二。这是他对诗学所持的观点，我认为此文尤为简明地道破他对诗学所持的观点。他的主张在其《朱氏诗集传书后》中也明确阐述，中曰：

> 近儒东原戴氏，固汉学家所奉为依归者也。虽臧在东诋其好逞臆说，以夺旧学，然戴氏所作《诗经补注》，往往舍毛郑而取朱《传》，则犹有从善服义之公心也。窃谓郑康成之笺《诗》，实取齐、鲁、韩三家，不尽申明毛义。

笔者曾从叔老处听到他对易学的论点。先是朗诵《论语》"加我数年"云云一章与"子曰不占而已矣"云云一章，认为圣人论

《易》的真髓只有这二章。后世人不要用"庸言庸行"在图书象数之间考察、寻找《易经》的意图。其《读王氏易注》见于《慎所立斋文集》卷二,其中云:

> 辅嗣之注,扫去旧解,专阐名理,实从象数推勘而出,虽违于汉学,而合于孔门,未可訾议也。

于是叔老在札记中对清宋于庭、孙季逑的诸说,极其大胆地指出了其疏失之处。

笔者最近见到坊间出售有叔老所用张尔岐的《仪礼郑注句读》(光绪锦江书局本),在其书上用朱墨两笔详加手批。并在字里行间钞录曾国藩、黄元同、王闿运、俞樾、曹元弼诸说,校书诚为殷勤。其中插有《丧服集笺》原稿一页,可视作试稿一页。将此与之前的手批本《丧服》对校,可见出叔老想要撰《仪礼集笺》的计划,先试从有关丧服方面开始写起。

《吴门销夏记》三卷是叔老最早的著作,乃光绪十二年丙戌在苏州时考订经史的随笔。光绪二十年(甲午)九月付印,可视为向嘉定钱大昕学术时代的致敬之作。此书晚年又有增修,改名为《石翁山房札记》付印,共九卷。

从札记文集中可抽出叔老关于《尚书》的独特见解。他对经学的见解大体一样，兹从略。文集卷三所见《与廖季平论今古学考书》一篇，尤为清楚地介绍叔老的学术，当引起足够的重视。

《吴门销夏记》《诗经四家异文考补》这些撰于壮年的著作，直接昭示了叔老学术所达到的境界，其日后的很多著述中重提或感怀他所达到的境界。其《庚午孟春》述怀："入仕初无系援，官止旬宣，幸全清节；读书不分门户，学兼汉宋，勉付通人。"一般来说，中国的学者，以少壮时的意气大大积累考据的成绩，中年以后能从其学术中体会到的乐趣就会更多。叔老自我标榜的所谓汉宋兼修的见解，其他人也这么看，但笔者却并不赞成。我想把中国的学者分为考据的时代、体会的时代（或者该叫仕学的时代，即古人所谓学而优则仕）来看待。我认为只有根据这个标准才能对其人其学产生正当的敬意。

《孔学发微》三卷是宣统元年的著作，原书名为《宗孔篇》，前载胡玉缙、赵熙序。民国一二年间加以删改，民国五年于北京印行。上卷分"总说""明道""正伦辨性"，中卷分"述学""修身""应务""论法"，下卷分"杂事""丛谭"诸项。孔子之志在经世，故贵"公"与"仁"。孔子之学说将人伦与德目并举，如君臣夫妇昆弟朋友，叔老说这两目各自有相对的意味。孔子对于学问的教训，叔老引用为"学而不思则罔，思而不学则殆"这句，进而总括中西学术。阐述孔子的好古思想，引用西人之说以拒排古之徒，说孔子的教育是德育、智育、体育三者兼备，尤重德育，又孔子屡屡言及"忠信"，而更重视"信"。

《孔学发微》作为当时尊孔主义的著作，发表颇为新颖的见解，给当时学徒以深刻的印象，有着书院教科书的价值。听闻清末的学界如江瀚、胡玉缙两氏皆为革新派的急先锋，笔者惊讶有隔世之感，在与江、胡两翁面谈时问起是否真有这种事，两翁则一边微笑一边颔首印可。叔老刺激当时老辈的思想充斥在此一书中。将此书与胡氏的《甲辰东游日记》和孙雄的《续经救国论》对照阅读，便觉殊有兴味。江、孙二氏追随当时激荡的社会思潮，在社会上活动，而胡氏则始终抱持当时的思想，墨守朴学，沉湎于世。

《慎所立斋诗集》十卷是其自编的诗集，七百余首古今体诗被逐年辑录。民国十三年叔老在山西大学时印行。始于同治十年辛未，终于民国十一年壬戌。从中可感知叔老作为吟咏诗人的风范。

三、逸　　事

笔者所见的叔老，甚是天真，至为淡泊。身心很是健康，是带着孩子气的性格一直到老。笔者若有诗人的灵魂，可能会作出以"此一老翁"发端大约二三十首的联排诗歌来吧。

他的身体很健壮，幼童时因患水痘而右足稍跛，从少壮到老境一日也未曾卧病在床。其声发如洪钟，时而发出洪亮的笑声。叔老的妻子民国二十四年六月去世，因离他们花烛重逢结婚六十周年纪念日只有十几天，他哀痛之余顿觉衰老来袭。可知他们夫妇间的感情是如何之浓厚。故其终身不置姬妾，鲍振镛《寄祝七十寿》诗有"不借朝云伴老坡"句，并注："公一生无姬侍，白头夫妇，今五十余年矣。"叔老十二月七日卧病，十七日逝世，年七十九。

叔老自北平东方文化事业总委员会成立当初便作为研究员而尽心于此。在各研究员编撰《续修四库全书提要》之书目时，叔老便有了中断编目而着手编纂提要的主张。某日在会客间，两翁发生了没完没了的论辩，笔者则呆呆地旁观。叔老声音真如洪钟一般，满脸通红，顷刻又如雨霁月出，两翁互相带着微笑继续交谈。

　　柯劭忞氏于民国二十二年（昭和八年）八月三十一日逝世，十二月二十七日东方文化事业总委员会主办的追悼会召开，叔老对柯氏的学行感慨甚深并作了演说。其著名的演说真让听者泪下。其中说：

　　　　我曾在自著《石翁山房札记》九卷时，乞柯公作序，他把我的学术与顾亭林的学术放在一起评论。这是极高的溢美。我的札记乃是经史考订的著作，与钱竹汀相近。民国三四年间任内务部设立的地方行政讲习所所长之际，乞柯公讲授《文献通考》。当时见此札记，便赞叹柯公真不愧于亭林之学。

　　叔老这样的演说，自负甚高，亦知他在少壮之时便已有绍述钱氏之学的气魄。瑜庆光绪二十四年戊戌赠诗有"百年潜研堂"之句，注云："建霞为余言，先生攻嘉定钱氏之学。"时叔老年四十二，建霞乃时任湖南学政①的江标之字。某次被问到"《诗经》的提要是经我手之物，君读后作何感想"后，我想当然地

---

① 原文作"江南学政"，盖作者误记。——译者

回答说：

> 可将提要的撰者比作大扫除。有人用抹布擦拭地板，有人用扫帚扫除灰尘，有人用刷子摩刷。但叔老如用棍棒打扫，一棒下去尘土飞扬。要是清代名儒碰到叔老，他们也会一个接一个地被痛加棒喝与呵斥。

叔老听后并未发火，却如往常一般发出了洪亮的笑声。我对其他老学不敢说的事情，对叔老总能坦率地说出，他即使有不高兴也付之苦笑便万事解决。他那么坦怀且无坏心眼，因此得到了所有办公人员的仰慕。

他每月必定观剧两三次。在天津的小报和画报上看到某某演员从北京来，他会说出"现在去天津吧"的话，第二天就能见到小报上所谓"看到江髯子"的滑稽文句或照片。讣告所附行状，有"先严体极强健，性复旷达，又善于行乐"句，又有"先严好学，老而弥笃，阅览撰述，日有定程，暇则以丝竹自娱"，所记盖为实录。

还有一事尤堪惊叹，就是叔老的书札之长。像叔老这般敏捷且殷勤的书札才能，笔者尚未见到第二人。其笔端颤抖着乍一看像是笨拙的书体，实际上则是特健的笔才。长于书札这点在事务方面尤能胜任，叔老做事极其一丝不苟，曾将别人寄给他的书札全部整理出来。逝世前年即民国二十三年春，叔老辑伍肇龄、黄云鹄、王先谦、柯劭忞、俞樾、吴汝纶、陈三立等七十古稀的和诗为诗函，题为《片玉碎金》影印。叔老甚至亲自书写"预定丧制"的遗书，交代自己的身后事。作为"预定丧制"，他留给后人如下言语：

> 属纩后殓以常服薄棺，三日成服，无所谓"接三""送库"。由门人讣告，世俗孤哀子之称，既属不典，泣血稽颡，尤涉虚伪，抆泪拭泪，亦强为分别，并无取。不作哀启，不搭丧棚，不制明器，不焚纸锭，不延僧诵经，不请人题主，两星期出殡，逾月而葬。若有葬地，则不必出殡，两星期即葬。

这般情况在其"行状"中也有记载，中云：

> 十五日晨延石珊珍视云，发肺炎，但尚不甚剧，随即注射防制之剂。十二时，忽精神焕发，洋洋若无病，时问不孝以所撰服部宇之吉七十寿序已否书就，命即进览，自诵一过，笑谓不孝：余交犹丰腴，疾可勿虑也。又谈及数日前和曹湘蘅自贵阳寄示重

九日诗，忽起立觅取，不孝阻之。从书案屉中检出，捧读末二句犹云：独怜皓首金台客，病起依然衰气豪。可见先严意气垂危犹勿衰也。

叔老曾三度东游。光绪三十年奉端方之命赴日视察教育。有《东游绝句》四十首。第二次东游为民国八年二月携夫人同去，得诗五六十首。其中《帝国大学欢迎会》是以"服部博士相知早，都讲京华久倾倒"二句开篇的长诗。第三次东游为民国二十年四月与胡玉缙同行，笔者其时也得以随行，得诗几首。逝世之年春汤岛圣堂建成，叔老有东渡参加其盛典的意向，身边人担心他年老体弱万一发生不测而阻止之。

笔者与叔老相知，始于大正八年（1919），经由诸桥博士介绍而访问其寓所。如今读其《慎所立斋文集》卷二《题日本诸桥辙次册》一篇，则陷入遥远的追忆中。叔老如不生于当世，而生在六朝的话，一定会是清谈风流的名士，历史长河中永远闪耀着他的遗事。

叔老在其七十三岁相片中自题曰："无科第而窃师儒之号，无系援而至句宣之官。不求富而言常适，不养生而神自完。尔何所能，实曰偶然。"笔者借由此语便可想见其人，其为学、为官、自适长寿，皆由其个性使然吧。

章太炎先生谒见纪语

民国二十年辛未八月三日记于上海同孚里寓

桥川①：弟侨居北平，于兹十又四年。久仰泰斗，向翻大著，钦纫之情，无日不切。一见丰姿为幸。今谒②清阶，辱荷尘教，光荣奚如。

章：足下治何种学？

桥川：弟志学以来，曾无常师，亦非大学毕业者。惟性之所适，欲修《骚》《选》之学，亦独为此嗜好耳。

章：此种学亦不容易，盖先须阅普通书史，然后再研治此学，

---

① 原文为汉文，桥川时雄语低二格，章太炎语顶格，无姓氏，兹用"桥川""章"标示。该文见载于 1937 年《制言》第三十四期。——译者

② 谒，《制言》作诣。

方有资料也。

桥川：《骚》《选》之学，即训诂，即汉学。非以诸种经史为根，其学不立。弟之秉性^①迂钝，深知绍述无望。

章：读《文选》欲知其训诂，须三五年功夫。至其文章，则更难学。大氐学诗尚易，学文则六朝文稍易。汉文则甚难摹仿也。

桥川：敬聆大教，一话一言，当服膺不忘。李审言《选》学大家，弟此行持杨公雪桥介笺，往见为乐。但闻审言已归道山，古人云"相见恨晚"，弟则晚而不得见，洵引为遗憾也。此外有何人能通斯学？

章：今日当以黄侃为知《选》学者，然其学或不如李公之专。

六朝学术，仍从两汉而出，其文章亦然。此事并须从训诂求之。近帝国大学，想仍有汉学先生在内。

桥川：弟私案《选》学与《文选》考订，判然有别。《文选》与汉魏文学，固有关系。《选》学与文学，无甚有关。弟惟于此一事，颇有未得解。他日当修一笺请益于左右。

高弟子黄季刚在北平常见，行必当往见领教。孙隘庵前日已往见，张孟劬亦常所仰慕也。

---

① 秉性，《制言》作裹性。

章：贵国所谓汉学者，百年以前，颇有卓然可称之士，如太宰纯、物茂卿、山井鼎之类皆是。近世所谓汉学者，似较前人远不相及。前此仆在东京，见帝国大学教授根本通明，自负颇甚，其实空空，无可谈也。

桥川：弟曾闻敝邦山井鼎所撰《七经孟子考》，已入《四库》著录①。阮元《十三经注疏校勘记》亦叙及于是书，而有所评正。然山井所见，实为足利学校旧存之纯正宋刊，阮元所据，为正德补刻本，则眼识低昂，岂有智无智三十里之比耶？

章：贵国旧本书籍甚多，而所谓汉学家者，从来未考订及此，何也？

桥川：时有隆窳，学有盛衰。虽一国一时，学者宗旨，并非一样。乾嘉学者，擅长考订，于时在敝邦，亦有山井鼎、狩谷望之、松崎明复，皆精于考订。以迄于岛田翰，皆有撰著。识见高迈，往往出于贵国人上者。山井《七经孟子考》，弟既叙及。《全唐诗》九百卷，康熙末叶出版，未有人详其编纂事情。然为有清一代巨制，迄于乾隆年间。敝国人市河世宁，撰《全唐诗逸》三卷，道光×年刊入《知不足斋丛书》。是书虽零细著述，能足以补

---

① 《四库全书》"经部五经总义类"有《七经孟子考文补遗》二百卷。——译者

助贵国学人所为，其气魄精神，洵可钦也。祭酒林述斋，编有《佚存丛书》，辑刊亡于贵国存于敝国之古书若干种者，是书亦光绪××年见重刊于贵国人之手。述斋子柽宇，亦赓乃父志业，天保××年即道光间，上议幕府，使下古书刊行之命令。肥儒松崎明复闻之（肥即国名），感激殊甚，以谓圣世盛典，发扬国家之光，在此一事。乃自编其书目，并附说明，以呈送柽宇，松崎时年七十二。柽宇、松崎相嗣逝世，惜此事无所成。松崎书目，见明治廿×年出刊《慊堂遗墨》中。弟曾阅读此小册，深为叹服，窃谓乾嘉名儒亦未尝及此。

章：服部宇之吉、白鸟库吉，此二君欲以古学为新学，而才力不及，终不免于武断。

桥川：弟在北平时，或游历各方之际，迭见服部博士在京师大学时之学生，渠辈金云：往年听博士讲学（逻辑学），引中国古书为例，博引旁证，兴味津津，于今不堪赞叹云。若无非常卓识，孰能如此。白鸟博士则弟未会见，然史学家中之大将也。

章：仆纪在贵国时，与大学教授谈，则无可听。与图书馆人员谈，则颇有可听者。盖见闻多寡之异也。

桥川：林述斋及其子柽宇，以其学术言之，亦不足言。贵国有清一代，充国学祭酒者几人，而其学亦多无可信①耳。

弟拜读大著，中有叙及敝国学人月旦一节，在敝国人立场见之，先生所述甚泛，未料今日再闻于左右。弟所言，无些客气，死罪死罪。

章：仙台有馆森鸿者，二十年前，颇从鄙人讲论，近亦几六十矣。闻在东京教育界中，不知其学能否进步也？

桥川：此人弟未会过，未详仍在世否。但记此人在敝国诗界之泰斗，未闻知其学术也。

章：此君本重野安绎之弟，重野曾有文集行世，然亦平平无深入处。

桥川：敝国诗家，多不讲学，故其作皆平板，无甚深意。讲学家中，则往往有诗作可见。桐城派之文，东瀛派之诗，弟视为一例也。

章：前数岁地震，闻帝国图书馆书多被焚，而宫内省及内阁则无恙，但此为政府秘藏之书，思难得见耳。

桥川：宫内省及内阁文库之古籍，幸免震火，可谓幸矣。吾友长泽规，颇有才干，专攻文学，尤精考订。顷在沪市，与张菊

---

① 信，《制言》作言。

生、董授经相应酬。两文库事情，渠知之尤详，恨不得今日与渠拜谒阶下，俱聆教言。

章：韩国国史闻甚敏富，但近亦秘藏难见。敝国因修清史，史稿虽就，而人多不满意，盖于清之源流，不能详也。此在《明实录》及明人著述中，颇有资料，然似不如朝鲜见闻之亲切，故甚欲求朝鲜史观之耳。

桥川：弟闻朝鲜有《李朝实录》《通史志馆志》《承政院日记》等等，记载甚详。与贵国文籍，参考于建州史料，颇有可补者。先生品学，中外俱知，如一游其京城，秘藏珍籍，当启石室以供高明之览也。

章：《明实录》及明人公私著述，与清建州初受封及中间变乱事，颇亦详实。然世系不能贯串，此须从朝鲜史中得之。盖建州虽称藩于明，而亦兼称藩于朝鲜，故知之独详也。

计其国从明永乐时受封，必明万历中年而独立，中间二百年，其世系多参差不齐也。

清人本无文字，故自于其祖宗世系，甚多颠倒误脱，明人载之稍详，而亦不甚贯串。

桥川：建州历史之研究，敝国仍有其人，亦有专著，弟未阅过，故未克答清问也。但弟曾在北平小市，偶见韩王致顺治帝之国书一帖，其钤玺则用老满字之篆书，弟已钞写其原文，未遑与《清实录》对考也。

弟日内起程，从苏州而江宁，而溯江到长沙，勾留沪市，已经数日。想往年来此，吾四诣新闸路，谒见沈子培先生。哲人萎萎，立雪无由，感慨系之矣。今日趋拜尊阶，辱承教言，殷勤之情，感荷无已。

京山李维桢传考①

李维桢，字本宁，湖广京山人。父裕，福建布政使。维桢弱冠登隆庆二年（1568）进士，由庶吉士授编修，转给事中。在翰苑几十年，出入燕赵，因纵游西山八陵之胜，多抒为文章。

考：《明史》本传，李维桢至编修，《京山县志》同，《明史》本传、《山西通志》授给事中。

王元美《西游集序》：在翰院几十年，出入燕赵，纵观西山八陵及禅林莲勺之胜。

善属文，汪伯玉、王元美皆亟称之。

考：张继任本集序：公于汪伯玉、王元美稍后一年，而两公

---

① 原文为汉文。——译者

齐推毂之，以为将来定居吾二人上。

性多可鲜否，不胜杯酌，不善博弈，不问家人生产，乐易阔达，博闻强记。

考：《小草三集》自序、《明史》本传乐易至强记。

出为陕西右参议，迁提学副使。

考：《明史》本传。

王《序》：而竟以失绛灌意，出参关中紫薇省，迁其副臬，专督学事。

因游终南三华、昆明太液之迹。

考：王《序》。

与诸官师弟子约以八条，大略为遵礼法、养士气、安分义、务实学、祀先贤节义、禁矫情沽誉等。

考：《大泌山房文集》卷一百三十四：陕西公移。

丁父忧，家居。

考：《小草三集》自序：既居父母丧，取藏书校雠讽诵，期以十年不出户，成一家言。

既而买舟东至武汉，陟匡庐，泛彭蠡，转入锁中，晤汪伯玉，抵钱塘。

考：王《序》：又云，徜徉于三竺六桥者，两月余。

178

访王士贞于其家，出其所为诗稿，嘱为序辞。

考：王《序》：书出其三编而曰，别子且泛太湖，登莫厘之峰，转至阳羡，归循洞庭，升衡岭，度大庾，而谋诸罗浮。是集也，序当以属子。时雄按：维桢南游之志，殆未果行，其访元美，当在太仓也。

寻起家，以吏议豫告，又起为蜀越之役，复以不任谪。

考：《小草三集》自序：坐他事迫谒选人，未三年，复以不任蒙吏议，赖上恩不加谴，容豫告，忽滥名启事，起家有蜀越之役，甫三年复以不任谪。时雄按：维桢谒选，及蜀越之役，各书皆不详，皆似在万历以前事。

万历初，拜山西参政、晋按察使。明断如神，不事苛刻，每以弼教明刑为心，敦请耆儒，纂修《山西通志》，亲加考核，当时称良史。

考：《明史》本传。

《小草三集》自序：起家为秦晋之役。

浮沉外僚，几三十年，会朝议登用耆旧，召为南京太仆卿，旋改太常，未赴，谏官有言词，不就。时方修《神宗实录》，给事中薛大中特疏荐之。未及用，四年，董其昌荐之，召为礼部右侍郎。甫三月，进尚书，并在南京。维桢以史事起用，乃馆中诸臣，惮其以先辈压己，不令入馆，但超迁其官，维桢亦以年衰，明年正月力乞骸骨去，明年卒于家。

考：《明史》本传。

维桢与同馆许国齐名，馆中为之语曰：记不得问老许，做不得问小李。其文章海内请求无虚日，能屈曲以副其所望。碑跋之文，照耀四夷，门下士招当人市贾，受取其金钱，亦应之无倦。负重名四十年，然文章多率应酬，品格不能高也。

考：《明史》本传。

《小草三集》自序：出为外史，人率谓史臣，能文，于是授简代言，时所不免，人无贤愚贵贱，事无大小，有求必应，无所受谢。

著有《史通评释》《黄帝祠额解》《大泌山房集》。

考：《明史》本传。

北平图书馆有法国女士 Dolléans 者，名教授伯希和（Pelliot）之高足，以交换职员在平馆服务。日前来索阅《大泌山房集》，云得其师指示，欲考李维桢事迹，而平馆所藏昔年已南迁也。因介之于人文科学研究所主任桥川时雄先生。先生以集中初无李传，特就研究所典藏诸书，撮取为此纪略以报之。在先生以为粗搜资料而已，然于考求李传者，甚资参考。固请于先生而刊载于此，附跋其始末并敬致谢。（《北京近代科学图书馆馆刊》创刊号编者）

杂 抄 二 则

我对所谓中国文学的研究法等东西，没有什么可讲的。思索再三也没能得到应该写的题材。

我在岁末整理身边之物时发现，昭和六年（1931）八月我在上海与章太炎会晤时的笔谈记录，将其抄录于左。其中也有涉及所谓《文选》的研究法的问答。

我最近深切感到，校书就如在澡堂雇人擦背（搓背工人，俗称上活）或修脚（剪指甲的，俗称下活）一样，擦拭沐客的小腿时搓出污垢，便由此感到一种快感。现我就将最近擦背的成果，给诸君看看。

一

饱饮浊酒，既不像睡在从不叠起被褥的隐士，也不像叛逆的陶渊明，在下每每给他擦背都有一股劲头，可陶渊明已耗尽了我的耐性。最近我全力以赴地擦拭着谢灵运的毛腿。

我前几年借出海源阁旧藏宋本《三谢诗》付印，此为宋朝唐子西所辑，从《文选》中将谢灵运、谢惠连、谢玄晖的诗歌抽出刊刻。

此书只是这样的内容的话，其宋本隐藏于世间，我本来也不该对此有任何的关心。我们的前辈松崎明复在刊刻陶诗时，从尤袤的宋刊《文选》（六臣本）中抽出《三谢诗》一卷附之。明代有天一阁藏《三谢诗集》一卷和皕宋楼藏《三谢诗集》七卷（现归静嘉堂），这些与唐子西辑本相比，源流上有差异。

唐子西的《三谢诗》所根据的似乎是五臣的原本（并非从六臣本中抽印）。

谢灵运《登池上楼》一首中有这样的名句：

池塘生春草，园柳变鸣禽。

宋代的诗话中赞赏此名句的大家相当多。朱熹的"未觉池塘春草梦"也从这句而来。然而子西的宋刊《三谢诗》却作：

池塘生春草，园柳双鸣禽。

从宋代到今日，各家都着力于怎么解释"变鸣禽"三字，思考园柳、鸣禽和"变"一字是怎么交响的，是怎样作为名句而得到赞美的。我对此种情况是不知道该如何判断了。

二

昭和六年八月三日午后一时，访章炳麟氏于上海法租界同孚里十号寓所，氏不发一语，授我以纸笔，一问一答笔谈，约两小时，将其原文抄译于左。①

---

① 此文即前《章太炎先生谒见纪语》的日文翻译版，兹从略。——译者

从中国典籍看朝鲜典籍

我们平常总是亲近中国典籍，第一次接触到朝鲜典籍，不禁抱有两个极大的兴趣。

其一，朝鲜是介于中口之间的半岛，由于在中日文化交流中一直担任着中间角色的这种历史关系，所以其历史文化典籍中，被认为有些在中国已亡佚了的典籍，或者其原典在中国本土业已崩坏了的，而在朝鲜多少还遗留了下来。想要仔细看看朝鲜的典籍中残存的在中国典籍中已消亡的佚文，即这个所谓的兴趣。

其二，朝鲜在某一时期是日本的附庸国，又曾长期是中国的附庸国，我对朝鲜的典籍感兴趣的是，其在出版文化上接受了怎样的中国文化，在哪些方面吸收了中国的原典，在哪些方面保有朝鲜自己的特色。我是从这两方面有想略窥一斑的兴趣。

对于这两个问题，我颇为慎重，而且，不按一种科学性的研究过程，就不能阐述真正的见解。要说一个例子的话，五臣注《文选》的零本虽然时时见于书肆，这些是否果真就是五臣注，如果没有相当条理性的考证，不通过数年研究，是无法断言的。我见过宋刊《文选》五臣注的足本，也借来李盛铎的转钞本并一一校订校勘，得知其并不是真正的五臣注本。在宋代就应该已经亡佚了的五臣注本，却在朝鲜被发现有近乎完璧的篇幅，这大概是朝鲜出版文化的一大业绩，我衷心希望学子加以考究。此一例足以说明要阐述清楚上述两个兴趣关切的问题是多么地困难，又需要多么复杂多歧的考证手段。此项困难工作一半的责任在朝鲜的学子，另一半则应由熟悉中国典籍的学子探究吧。

再更近一步说，这是我首次看到朝鲜典籍，因颇无根底，所述可谓是近乎臆测，尚企诸位指教。

其一是，朝鲜版本中有经过很多次重复补版的书。这些应该看作是年复一年的补版，还是说原版本就不齐呢？关于这个问题，从中国和朝鲜的出版的历史来看，有可能朝鲜本补版也并非全部都为补版，也许原版就不齐吧。

中国典籍的钞写也好，刊印也罢，世世代代全都要依凭着经济条件来进行。我想从钞本、刊本的流传可以说明中国各时代的经济史观。宋元版开始在版木上写字雕刻，不像后世那样，可能是将纸贴在版下，这被认为是源自六朝隋唐的石刻雕法。宋元版的刊刻由各刻工按页分担，直到刊刻出一部典籍。职此之故，在宋元版上用简略的文字刻上刻工的姓氏和各页的字数这种情况就很多，因为要根据字数来支付工钱，绝非为了校正而刻出字数。今日的工钱则大致根据百字的标准来决定。所以宋元版的各页版框高度和宽度多少都有异同，也存在每行字数时有不同的情况，字体也多少有些异同。这一点在后世人看来就有疑惑，不知是否是后来的补版。然而明代初期盛行忠实于宋元版的翻刻，嘉靖时这一风潮尤为高涨，其后刊书更是兴盛，其程序发展为细致的分工，如定版框、雕行线、大致粗刻、加工、刻画，全部都由专人分担。如此生产总量增加，版式也开始变得整齐。

然而像中国宋元时代那样刊书，在朝鲜是行不通的，朝鲜主要采取了中国明代的版式，由此可考见版式的发达和社会经济条件彼此适应的阶段，其间自然多少有些不合理之事。于是可能在版式上不免反映出不整齐，这对后人来说不就会被认为是补刻的部分吗？这在中国也是常有之事，一部典籍的刊刻需由数个环节来分担，因此表现出刊版的不统一，这种情况在朝鲜本也有的吧，这就是我对于此问题所持有的粗浅的见解。后人所见的补版，并不全部都是补版，我认为是其中一部或大部分是由于原版的不整齐而被当成是补版的。

其二是关于朝鲜的活字本。朝鲜的铸字、木活字，得自中国还是日本，这是应该分别专门研究的问题。朝鲜的活字本由于材料等诸方面的关系，一如中国用木版作为普通版式，因其实用程度作为普通版式，而有大量的活字本在朝鲜被印刷。若朝鲜刊书较少，有可能就数量而言中国方面便会凌驾于朝鲜之上。

对于活字本，其印刷的样式和对其玩赏的趣味，中国和朝鲜必定不一样。朝鲜活字本在其活字之间胶着以蜡或漆，使其版面平滑，常看中国的活字本的我们，看到印好的朝鲜书籍，大多无法分辨出其是木版还是活字本。在中国像这样印刷的活字本是很少的。有人认为，朝鲜活字本就跟中国雕版的版式一样，以我对朝鲜活字本的印象来看，是有道理的。可是，中国的活字本，各字左右上下倾斜不一，墨色有时很浓，有时又很淡，还会有污渍的情况，另外各字体大小不一的情况也很多。以至于造成版面的不整齐，但这种不整齐中则透出某种美感，造就了中国人对活字本的爱赏。这种爱赏并非针对普通的版式，而在于特殊的版式。朝鲜将活字本作为普通版式而实用的原因何在？是受中国还是日本的影响，以及其使用材料的关系等，是必须从各方面加以考量研究的问题。

以上是我来到中国，第一次见到朝鲜本时的随感，还称不上所谓的见解，有待诸位的教示。

(昭和一五．七．二六／一九四〇年七月二十六日，于书物同好会例会)

民国二十三年（1934）中国文化大事记

一　月

一　日　旧腊三十日举行浙江省立图书馆创立三十周年纪念会，由三十一日持续到一月三日，举办以善本为主的文物展览会。〇本日北平美术专门学校绘画展览开办。〇《文学季刊》创刊号由北平立达书局发行。

四　日　德国现代印刷展览会在南京中央大学召开。由德国文化协会主办，会期二周。

五　日　山西省浑源六郎城发掘出周代以前的古物（宝剑、金鼎、香炉等）。该处在民国十四年也发掘出周鼎、金牛等。

六　日　中英庚款会于上海召开技术、财务两委员会，通过粤治河会借款现金四十万、材料费五千镑。〇天津《大公报》自本年开始新设社外名家的周日论文专栏。胡适的《报纸文字应该完全用白话文》作为第一篇论文刊载。其文中列举以下统计：

天津之二大报纸之例	文语合计	白话合计	广告合计	照片
《大公报》一月四日	四页	二页半	七页	半页
十四页				
《益世报》一月三日	三页半	二页半	八页	无
十四页				

十四页中，白话部分至百分之十八，《大公报》的六页半读物中，白话虽占百分之三十八，但此仅为十六年间的白话化情况。

八　日　山东省日照县城西一里半许的古城村（汉代海曲的故城）发现汉代古墓，济南的山东图书馆着手准备发掘。〇去年十月，山东滕县安上村发掘的安上遗址及曹王墓所出土的先秦及汉代遗物决定被送至中央研究院。又，安徽省寿县出土的汉代石羊等为山东图书馆购藏。

十　日　上海影印宋版藏经会曾计划将陕西省所有的宋代碛砂版《大藏经》共六千三百一十卷、五百部全部影印，并用福建、云南、山西各省发现的宋元精善之本补足。虽准备了两年多，其第一部分（全部的四分之一）已装订的七万五千册本日遭火灾。

十五日 上海商务印书馆发布预约影印《四库珍本初集》二百三十一种，约二千册。盖《四库全书》中，既有的单行本颇多，且为了节约出版费，挑选《四库全书》中没有的版本，或已绝版的珍本八九百种印刷。初集预约价格约六百元。〇同时该书馆也计划发行《四部丛刊续编》第一期五百册，每周日出版。

十七日 行政院会议决定因"九一八事变"而丧失学业的青年救济办法。其经费年额约三十四万元。

十八日 中国国际学会第一次理事会在南京召开。决议事项重要者如次：

〔甲〕研究方面：（一）第二次世界大战的分析及其对策；（二）国际联盟的过去、现在与未来；（三）太平洋战争与中国；（四）民族解放运动的新路；（五）国际贸易与货币政策。〔乙〕出版方面：（一）国际公论月刊；（二）各种丛书。〔丙〕演讲方面。〔丁〕社会事业方面：（一）图书馆设立；（二）补习学校及通信教授学校的设立；（三）文化公司的筹办；（四）职业介绍所的开设。〔戊〕组织方面：（一）设置南京、北平、汉口、广州、东京、纽约等分会；（二）在青岛、天津、奉天、福州、南昌、西安、长沙、成都、贵阳、迪化、柏林、莫斯科、巴里、伦敦、日内瓦等地设置通信员。

十九日 上海各大学教职员联合会向教育部提请清华庚款的一部分充作全国大学教授留洋视察费的方案。其大意如次：

> 清华庚款原为国家款项，自改革留学生派遣方法后，全国各大学毕业生均受其恩惠，得到较好结果，同时清华大学本年度亦派遣其多数教授去往各国，其费用由清华庚款之项目支给。此办法虽支援毕业生的派遣留洋，每年各大学教授也被依次甄选留洋才是公平所在，而其收获相比毕业生留学也更大。故欲以之充当清华庚款项目的一部分。

〇北平清华大学虽决定将其校址与毗邻的圆明园旧址合并，设立农学院事，却遭到此地地主及农民的拼死抵抗，惹起纠纷。

二十日① 据宋子文说，"意大利的庚子赔款返还案为十年来的悬案，余去年渡欧之际，与意国政府商议，得汪、蒋两委员之

---

① 此日天头有"四中全会开会（会期六天）"一句。——译者

许可，与意国财政部部长缔结庚款返还协定，财务部最近从各银行借款四千四百万元以抵挡此款"云云。〇柏林召开近代中国绘画展览会。在海外以中国政府的名义开办画展，德国乃肇端。

二十一日　平津国立院校教职员联合会电报四中全会，意在唤起对教育费问题的注意。据与会代表说，全国的同盟休校原因主要似在学校经费的不足。〇北平博物院自本日开始全部检点其所藏古物，当于二十五日结束。而且，故宫组织法将由立法院正式公布，其要点大幅缩小，据说另开设上海事务所。

二十五日　设置于北平的国语统一筹备委员会召开第二十九次例会。出席委员有黎锦熙、钱玄同、汪怡、白涤洲、何兆熊、陈颂平、魏建功等。讨论通过了国语普及办法、国语标准辞典的编纂与国音字母讲习所的设立等方案。〇该委员会推行国音的基础是在全国统一词类，自前年开始接连调查各地方言。

二十六日　中国教育学会第二次年会在南京召开。〇本日山东图书馆七十一件馆藏珍品虽被盗，但三天内犯人便已被捕，幸得无恙。

二十七日　近年中国对新出版的书籍极为粗劣的翻印甚为流行，对此种行为的禁令自去年也变得严厉起来。本日，北平某书局负责人以伪书翻印罪接受地方法院判惩役三个月、罚金五百元的判决。

二十九日 据国立北平图书馆副馆长袁同礼说，本次商务印书馆决定影印北平图书馆所藏的《野菜博录》等三百余种善本，其方法，据说是每部单行，并将之合为一部丛书。○教育部部长汪世杰发布以下严格的训令：自今学年始，全国各大学、专门学校严格毕业考试，由组织委员会施行。

【参　考】 一月中下旬日本产品进入世界市场、日俄外交危机、溥仪即位之说等问题引发了讨论。一月二日的北京大学国文学会上，刘复（半农）教授抨击了最近流行的密斯特、密斯等所谓的西洋称呼。

二　月

一　日 国立中央研究院殷墟发掘团自去秋持续在河南省彰德西北的小屯村及高楼庄进行发掘工作，因天气极寒而中止，目前在整理之中的出土品，据说有古物、陶器片等三十余箱。○由陕西省府与北平研究院在西安创立陕西考古会。研究院由翁文灏、李书华二氏出席。○中法文化基金委员会在北平长达二周的会议本日结束。委员长李石曾不在，特由上海的沈尹默司会。

二　日　中华教育文化基金理事会第八次例会在南京召开。理事长蔡元培，理事周诒春、李石曾、任鸿隽、胡适、金绍基、徐新六、贝克、贝诺德、司徒雷登等出席，丁文江补充为理事。本年度的预算因美金的低落不足二十三万元，由日常费内补充。

三　日　北平故宫博物院开始检点文物，据秘书长徐鸿宝说，完全结束至少需要七八年。南迁在沪文物据说最近也经行政院之手开始检点。○之前因有伤风教而被禁演的北平之评戏，以脚本的检查为条件而解禁。

五　日　因上海事变而被破坏的商务印书馆的东方图书馆，由国内的名士、美人盖乐、德人欧德万、英人张雪楼、法人李荣等组成东方图书馆复兴委员会，计划五年内恢复旧观。新址大致在静安寺路附近。○山西省曲沃县的齐姜墓中的多数宝物全部被盗。由民家庭院挖隧道直通其墓而得手。

六　日　北平民众教育馆自本日起开办为期六天的年俗展览会。展品分为迷信、点缀品（春联等）、娱乐品、饮食物、玩具、化妆品六类，另为宣传废止旧历、排除迷信、节约祭祀费而努力。

七　日　北京大学图书馆决定新建。应附设学生用的研究室，据说建筑费二十三万元。○丹麦的国际民众教育学院院长马烈克博士来华，本日在燕京大学演讲农村相关问题。○清华大学国文学科最近收购清朝之硕学郝懿行（字兰皋）的遗稿，既刊、未刊稿等共三十六种，其中，未刊之属列举如次：

《古文考证》《晋文钞》《偷闲集》《汉纪摘要》《文心雕龙补注》《大戴礼补注》《说文广诂》《九经古义摘抄》，校《前、后汉书》《新序》《说苑》《淮南子》《盐铁论》《世说新语》《韩诗外传》《水经注》《广韵》《玉篇》《文选》《九经古义》《风俗通》《穆天子传》《小尔雅》《急就篇》《丸啸斋集》《灌园小史》《风星正源》。以上二十七种。

八　日　商务印书馆为影印《四库珍本》最近调查去春由北平南迁的文渊阁《四库全书》，结果发现不少已遭虫蛀，引起了学会的忧虑。有人说其他文物在保存上可能也存在不完善的方面。○北平图书馆、中国工程学会及中美工程学会共同创设工程学阅览室，陈列中国古代工程学的古籍。○中英庚款理事会本年度七月六日在南京举行英国派遣留学生的选拔考试，并颁发其规定。规定的要点列举如次：

【专业及人数】土地测量（四名）、土木（三名）、机械（一名）、航空（二名）、造船（二名）、冶金（二名）、纺织（三名）、医学（二名）、地理（四名）、物理（三名）、数学（二名）、西洋史（一名）、英文学（一名）、经济（一名），计三十一名。

【资格】国内外公立或已立案的私立大学、专科学校的毕业生，从事研究或实习二年以上。

【年限】三年或四年。

【学费】预备费二十英镑，往返旅费各八十英镑，月额学费二十四英镑。

九　日　立法院会议通过的北平故宫博物院的组织条例发表。(一) 故宫博物院属行政院直辖，掌管故宫及所属大高殿、太庙、景山、皇史馆、实录大库等建筑物，文物图书档案的保管、开放、宣传等事。(二) 设总务处、古物馆、图书馆、文献馆等四馆。(下略)

十一日　本年一月十日病殁的北平大学法学院前教授丘景尼的追悼会在法源寺举行。丘氏乃留学日本学习哲学之人。历任十年，享年仅三十六岁。

十二日　画家谌亚逵、魏筱润等计划创设北平美术学院。○

在上海的故宫文物中，发现很多珠宝丢失之事。

十七日　私立燕京大学因美国财经界的不景气及金价渐落的影响，经营持续困难，决定募集基本金百万元。

十八日　北平图书馆自本日起召开为期三天的戏曲音乐展览会。珍奇展品颇多，引起学界的注意。（一）戏曲撰著部。多数为王国维《曲录》所未收。（二）戏曲文献部。升平署之档案、徐白斋之灯画、缀玉轩藏明清脸谱、其他戏衣戏台等。（三）音乐乐书部。（四）音乐乐器部。郑颖孙所藏之中国古代乐器。

二十日　燕京大学学生抗日会组织了节俭生活运动委员会。其主要议案为提倡国货。最近各方面提倡国货之声渐高。

二十二日　北平图书馆副馆长袁同礼踏上欧美视察之途。孙洪芬代理其职。〇山东省日照县东海峪发现周代的骨钱一罐，为山东图书馆收购。此地在周代乃东夷之属地，与海外贸易之所。

二十四日　由教育部最近调查的全国大学专科学校学生（受检者二万人以上）的体格检查结果发表。

　　　A平均体格。（一）体重：四十~六十千克；（二）身长：百四十八~百七十三厘；（三）肺活量：二四五〇~三七〇〇立方厘；

（四）胸围：六十三～八十九厘。

B 眼疾、龋齿也较多，学生总数的三分之二无病。

○蒋介石在江西省南昌行营组织成立"新生活运动"促进会。

二十五日　北平与天津的学生参加中英庚款赴英国留学选拔考试，北平有四所国立大学的学生为之竞争。○西北开发学会设立西安分会，据消息，也准备在青海设置分会。○上海市党部据中央党部本月十九日之命，禁止售卖市中二十五家书店出版的新文艺作品四十九种，引起出版业者的恐慌。因此中国著作者出版业者联合会本日向党部请愿各书再度接受审查。

三　月

一　日① 立法院起草的宪法草案本日公布，接受社会的评论。这应该说是二十年来的宪法运动成绩之大观。

三　日　章嘉喇嘛呼图克图作为蒙旗宣化使本日离平，入蒙预计需五个月。○故宫博物院代理院长马衡因专心学术之故欲辞

---

① 此日天头有"（伪）满洲实行帝制"一句。——译者

职，似被挽留。

四　日　北平国剧学会为国剧保存及研究之便，兴建国剧陈列馆，自本日始陈列五千余件展品。同学会的齐如山已有四十余种戏剧相关著作，已出版的只有六七种。又目下正在编纂戏剧大辞典。○陕西考古会在西安东关街外发掘了唐代大明宫、兴庆宫石碑二座以及其他多数的唐碑文物。○内政部调查，测算出全国人口总数为四亿七千四百八十二万人。

五　日　中英庚款理事会开会。讨论铁道、各种实业的借款方案。

六　日　中国科学化运动协会北平分会积极工作，开始宣传演讲及实地训练。

九　日　立法院会议通过国立中医研究院组织条例。中药中医的研究日渐高涨，报纸上开始出现中医是非论。○中国营造学社近年对中国古代建筑史的持续研究，唤起了世人的注意，最近派人往各地调查古寺古庙，绘制图样；此外据说也着手明清史料档案的整理。该社民国十八年创立，现在北平中山公园内。

十　日　北平基督教青年会从本日至十八日举行宗教生活运动大会，期间举行佛教、伊斯兰教、天主教、基督教、道教各名士的演讲，展览各教展品，开放参观天主堂、清真寺、居士林及维斯理堂等，宣传各教的沿革与教义。

十一日　丁文江就职南京中央研究院总干事。

十二日①　最近河南偃师发现古代人类的骸骨。其头部额上有生出角的痕迹，作为人类学上的重要材料引人注目。

十三日　日本以庚子赔款，每年投入二百万元在中国各地设立大医院，会长由内田前外相任其事。十万元收购上海虹口公园附近用地。（《北平晨报》）〇行政院决定了故宫博物院新理事二十七位人选：

王正延、史量才、朱启钤、李元鼎、李书华、李煜瀛、李济、吴敬恒、吴元昌、周作民、周绍春、陈立夫、陈垣、翁文灏、张人杰、蒋梦麟、张伯苓、张嘉璈、张继、黄郛、傅斯年、褚民谊、黄节、叶楚伧、蔡元培、罗家伦、顾颉刚。

〇国际联盟文化合作委员本日北上视察广东地方。

十四日　中华图书馆协会委员改选，刘国钧任主席。〇山东省主席韩复榘组织重修曲阜孔庙筹备会，决定先修理残破最甚的

---

①　此日天头有"中山逝世九周纪念"一句。——译者

曲阜颜子庙。颜庙受战火侵扰十九年，完全恢复其旧观需十数万元。同时也要修整泰山山麓。○黄河水利会向中英庚款借款四十万元。

十五日 安徽省滁县东北的乌龙山发现古墓、古鼎、玉器等。江苏省无锡县附近的荒冢中也发掘出很多古物。其他如山东省邹县的秦代瓦，章丘的汉代的古墓也被发现。○因共产党的原因，在南京狱中的陈独秀目下正在最高法院上诉中，狱中读书阅报，颇为安适。

十七日 以石佛著名的山西省太原县南天龙山石室的二十四龛内百座大小造像，数年来因外国人盗卖的问题发生了纠纷。两名嫌疑者在北京被捕。（附记：笔者在二十二年夏曾得到天龙山见学的机会，其惨状不忍目睹，可以说已无完全的造像。）

十八日 北平协和医学校解剖学教授兼中国地质调查所新生代化石研究室名誉主任步达生（Davidson Black）因心脏病于十五日逝世，享年四十九岁，加拿大人，以所谓"北京猿人"的人类学研究者而享盛名。本日举行葬礼。

二十日 中央研究院的殷墟发掘团最近亦开展持续发掘。因附近的民众有私自发掘与保安队冲突之事，殷墟发掘团决定将已获的文物运往北平。

二十五日　中国文化建设协会在上海创立，吴铁城等六十人被选为理事。其所提倡之事为：（一）民族，（二）科学，（三）统一，（四）创造的精神。其欲消灭之事有：（一）封建，（二）阶级，（三）颓废，（四）奴隶的思想。○清华大学地理系教授侃勒（Koehler）以黄河研究者知名，著有德文《黄河之地文地理》。他当会出席最近在济南召开的黄河水利会议。

三十日　行政院本日举办各庚款机关的联合会，通过要案如次：

（一）支出百万元创建中央博物馆（从中日、中美、中英、中荷各庚款中支出）。（二）支出百万元创建高级职业学校。（三）支出五十万元创立女史工学院。（四）各庚款机关分工协力办理文化事业（美款多用于社会自然科学，法款多用于医学、物理、生物等，英款多用于农工医学事业）。

三十一日　商务印书馆影印《清一统志》，迄嘉庆二十五年，道光二十二年出版。全部二百册，附索引十册。

【参　考】　二月末，蒋介石在南昌提倡的"新生活运动"，一个月中在全国广为宣传，各地纷纷成立了促进会。自三月一日宣传期开始，到十二日，以南昌市民大会的开办为发端，从江西省推广到全国的计划正在稳步而顺利推进。如《大公报》三月十日及二十日的社论，论及其成功的前提及前途，二十五日的《星期论文》载胡适的社论。蒋介石在南昌行营的演讲说的是对礼乐和时间应予以尊重之事。此一倡言反对数年来"打倒宗教""打倒儒教"的呼声，值得重视。然而见其所谓"新生活"的原本内容，是南昌发行的小册子《新生活须知》所记的九十六条（规律五十四项，清洁四十二项），没有什么特别之处，不过是作为一个文明人的最低限度的常识生活。顺便记教育部提倡全国歌唱的《新生活运动歌》如次：

礼义廉耻，表现在衣食住行，这便是新生活运动的精神。整齐清洁，简单朴素，以身作则，推己及人，转移风气，同声应，纲维正，教化明，复兴民族新基础，未来种种譬如今日生。

四　月

二　日　江苏省淮阴县境内发掘出汉铜晋瓦并汉林王墓所刻石碑及很多其他文物。○国史馆组织法案经内政、财政两部审查通过。馆长拟由在苏州的章太炎担任。

三　日　苏维埃联邦的多数东洋学者在康拉得教授的指导下，已完成日本及中国的旧文学选译，集为一巨帙。

四　日　北平大学法学院自本日召开为期三日的中华学艺社第五次年会，来自全国各地的一百五十名会员出席，议题有讨论社务及经费问题，开办各种演讲会，宣读论文等。该社与中国科学社同为中国学术界的最大团体，因与日本关系较深，大略介绍如次。

该社系民国五年丙辰由在东京的四十余名留日学生所组织的丙辰学社。九年本社迁往上海，改现名。现会员八百名，遍及全国各专业。经费因以原日本庚款为基金，日本方面讨论上海自然科学研究所开设以来该社经费支付会费的其他办法，也讨论了本年的经费问题。该社的宗旨为探究真理、昌明学艺、交换智识、促进文化。六日的《晨报》社论论及该社也正有此意，说该社的活动有益于文物鼎盛、学艺焕发，虽说东北四省已山河色变，面对华北沉沦危机亦无所畏惧，更不足以退缩。

【该社的事业】《学艺杂志》（已出百十余号）、《学艺丛书》《学艺汇刊》《文艺丛书》（以上商务印书馆）、《学艺文库》（中华

书局)、《中华学艺丛书》(群众图书公司)、《中华学艺社丛书》
(世界书局)、《世界名著丛书》(国立编译馆)、《学艺小丛书》
《民族复兴丛书》(以上该社)、其他教科书、中国孤本书籍的印行
(商务印)等数百种。又,讨论在南京创立学艺中学,上海创立学
艺大学,北平也创设小学。该社为中国稀有的历史悠久和功绩巨
大的学社。明年年会决定在四川召开。

○北京大学地质系主任李四光教授应剑桥大学等七所大学联合聘
请,今夏赴英国讲学。○因法国雪铁龙汽车公司赞助的新疆考察
团所拍摄的对中国不利的电影在巴黎放映,留法学生通过公使馆
向法外交部抗议。该公司被日本收购。○河北省民政厅最近调查
全省的缠足情况,查明三河县的情况最糟。其原因在于,该县妇
人历来从事老妈(下女、乳母)之业为多,彼等顽固,认为如放
足会招致失业。

    五　日　中国名家所画的洋画展览会据说近期在伦敦开展。

    七　日　中英庚款会的英国留学生选拔考试将在南京与北平
(北平大学法学院)同时举行。

    八　日　教育部对于接受庚款的各机关,发布关于预算编制
的三点注意事项的训令。○山东图书馆馆长王献唐决定收购海源

阁的佚书（最近天津所出的手抄《经典释文》等）及汉魏两代的
石经残石（洛阳搜集的八十七石）之事。〇北平昆弋学会在北京
大学召开第一次年会，刘复为主席，决议昆曲研究班的设置、昆
曲词本的翻印、昆曲演唱会的开办等。

九　日　还给中国的日本庚款原为了发展中日两国教育文化
事业，"九一八事变"以后，该款已被日本扣留。数年来累积的金
额并不少，利息应该也有很多。最近据长春方面的消息，日庚款
将被用于满洲方面的建设。并不超越教育文化事业的范围，改变
其手续及方法，以资满州方面的有利进展。（《晨报》）

十一日　英庚款财委会在上海开会，讨论以下方案：（一）支
出二百一十万元贷款给导淮会（淮阴、邵伯、刘老涧的三闸工
费）。（二）支出一百一十万元贷款给铁道部（粤汉路机工费）。
（三）支出四十万元作为广东省治河费。

十三日　中央研究院殷墟发掘团新近在彰德县城西北里余的
侯家庄以南也发现了殷墟，挖掘了二十余坑殷末的遗物陶瓷片、
花骨、甲骨文龟板、铜器等。据说与此附近历年的发掘物大体相
同。〇清华大学圆明园问题解决，本日被移管。

十四日　北平昆弋学会的主办方在协和医学校向中外人士介
绍昆曲，聚集了韩世昌及其他平津的名优。

十五日　总额三千万元的"民国二十三年意大利庚款借款银团六分利证券"本日发行。〇在杭州的文艺作家们的第一次交流会举行。参加者五十余名，通过黄钟文学社、西湖文苑社的斡旋，决定名为杭州市作家协会。

十六日　北平市专科以上学校军事训练的学生本日接受总检阅。

十七日　传闻苏联科学研究院远东分院图书馆藏有蒲留仙的《聊斋志异》原稿四十六卷。

十八日　考试院院长戴传贤为从道德上极为保护文物，向身居要津之人发表通电，反对考古学者轻率地发掘古墓。与之相对，中央研究院院长蔡元培本日作答，公开发表长文，表示私自盗掘虽确实应该取缔，但不可严禁学术团体的发掘。〇王揖唐今日起身，出席高野山的密教大会。〇此前遭厄的宋版《大藏经》第一期三百部影印出版。

二十日　陕西考古会在西安城东北二里许的陇海沿线地区发现三代以前石器时代的地层。西安站施工之际出土的汉魏六朝唐代文物二百余件与此后沿线出土物品同为该会保存，据说正在鉴定之中。

二十一日　中英庚款董事会本日及二十三日在杭州开会。讨论方案如左：（一）为浙江省杭江架设铁桥拟借十六万英镑。(二) 交通部为建设九省长距离电话及苏电网拟借二十万英镑。○二十一年中等学校学生会考（联合考试）的成绩，数学、理化、生物三科最劣，教育部通告在各公私大学暑期休假中开办理科的讲习会。

二十四日　正当北京大学传出国文、历史两科合并之说时，国文科主任林损、教授许之衡提出辞呈，主任之职由文学院院长胡适兼任。校长蒋梦麟虽否认合并之说，但也言及国文科的文学、语言文字、文籍校定三组的存废系于新主任的职权，胡适与其共同暗示出整顿文科的决心。

二十七日　国际文化中国协会的主旨，乃与各国文化界共同发挥中国文化，中国南方的名流学者与各国文化界中的绅士淑女被组织起来，其中心人物有清华大学前任校长曹云祥和武汉大学前任教授、外交部条约委员刘华瑞等。刘华瑞最近北上北平，参加中美协会月会，得到很多赞助，设立华北分会，据说余天休被推选为分会主任。○燕京大学抗日会今晚举行防空演习，七百余名学生参加。

二十八日　燕京大学图书馆藏有中西文书籍二十五万册，不乏善本，二十七、二十八日公开展览善本（中文六百余种，西文六十余种）及职员校友等著作七百余种。

二十九日 清华大学举行建校二十三周年纪念仪式，同时为新设的化学馆举行开馆仪式。

【参 考】 反对"满洲国"通车通邮的声浪渐高，如燕京大学抗日会的誓死反对，但报纸上的论调似有实际上之必要，只从体面上不宜赞成，写法很微妙。又，三月末在杭州起事的摩登破坏团，至四月中旬已波及全国各都市，行政院将之作为反动的恐怖主义严令禁止，至月末逐渐熄灭。北平娱乐场横行，衣服破损等被害者超过千名，亦出现了摩登维持团。作为此破坏团的间接影响，杭州的典当从业者约定拒绝妇人衣服的典当。其理由据说是二十个月以来没有表现出市场价值。

五 月

一 日 何遂将其多年搜集的金石瓦当寄赠北平图书馆，本日开始举办为期三日的展览会。陈列文物共一千二百余件，据说以陕西省所获为多。○经过中政会的审议，教育部开始编制国歌。

民国国歌此先曾一度确定，因词句过于抽象，未果。民国十

八、十九年左右有征求新歌之事，在二千余篇中亦无中意者，当时有照搬采用党歌之说，亦有以《礼运大同篇》为国歌之论，由于原文难解，长短不齐，且非韵语之原因，政府决定向大众征集以"大同说"入歌词所编的国歌。

二　日　北平市由熊佛西、朱肇洛、张鸣琦、陈豫源、刘念渠、余上源等组织的北平剧人学会成立，努力从事话剧运动。〇中国协会的年会在伦敦举行，讨论对日政策。〇总额四千四百万元的意大利庚款借款银团证券本日发行。此证券与通常借用证券具有相同性质。〇中政会通过建国奖学委员会条例及建国奖学金保管委员会条例的决议。

五　日　中国教育电影协会第三届年会召开，通过了向教育部请愿设置电影艺术专科学校，禁止上演由庚款会资助的教育电影及电影《大地》（美国米高梅公司制作）等事的草案。该协会的新选理事、监事多为知名人士。

六　日　济南的山东大学决定在本年夏间设立农学研究院，在中国是第一次尝试。

七　日　目下来北平的美国华盛顿国会图书馆远东部主任恒慕义是美国著名的中国研究专家，据其说，该图书馆藏有汉籍十六万卷、和籍一万五千卷，满、蒙、藏、鲜等书三千卷，其中据说汉文丛书有约六百种，地理书有二千二百种，他又说最近正在翻译顾颉刚《古史辨》的长篇序文。〇南京的中央研究院在北极阁下构筑新址。又历史语言研究所也在其附近新建，应于七月中旬完成。又北平研究所地质矿产研究论文的获奖者论文被发表，次期论文开始征集。〇天津佛教居士林本日成立，开办大会。出席者三百余人。〇中国画展览会在苏联莫斯科举办。〇存沪的故宫文物本日由最高法院检察官开始查验。

九　日　刘守中等人提议严禁鸦片的具体方法。其方法是将鸦片贩卖者和吸食者同处以死刑。

十二日　燕京大学发表教授人数，男女共一百一十一人，其中外国人四十四人。男教授八十八人，与之相对，女教授二十三人。科别人数如次：

（一）文学院　计六十四人　男三十人　女四人（外国人）男十八人　女十二人

（二）理学院　计三十人　男十七人　女三人（外国人）男七人　女三人

（三）法学院　计十七人　男十三人　女无（外国人）男三人　女

一人

十三日　由中央党部指导的中国地方自治学会在南京成立。

十四日　今年北京大学本科毕业生当约一百八十一名，科别人数如次：

国文科二十三，史学科二十七，哲学科五，教育科十九，英文科十，德文科二，法文科五，日文科无，数学科十，物理科十三，化学科五，地质科六，生物科二，心理科三，法律科五，政治科二十，经济科十，理学院未入科者十六。

十五日　提出辞呈的故宫博物院院长马衡收回了辞意。又因为经费问题之故，八日召开理事会，马衡预定南下。

十八日　因粤汉铁路建筑补充之故，立法院通过了铁道部借英款公债的条例。债额一百五十万英镑，拟于民国三十六年偿还债务。

二十日　蒋介石公布汉口禁烟督察处规定，限一定期间内当禁绝鸦片等毒品，先从长江沿岸各省施行，次第推及全国。

二十二日　教育部决定在中央、浙江、武汉三所大学设立研究所，并且指定中央大学设工业研究所，浙江大学设农业研究所，武汉大学设社会科学研究所，请求文化基金（美国）及中英庚款两理事会三年间支出六十万元。○教育部的古物保管委员会组织扩大化为中央古物保管委员会，直属于行政院，设委员十三人（内译、专家六人，内政、教育两部各二人；故宫博物院、中央研究院、北平古物保存所各一人）。

二十五日　北平学术团体联合会支持燕京大学募集基金，自本日在北海团城举办为期三日的西北文物展。来自北平各文化机构展出的物品，以蒙古、新疆、甘肃、绥远出土物占多数，王莽建国时的权衡也被展出。○上海的中山文化教育馆有奖征集自然科学相关的论文（以各大学的毕业论文为补充）。

二十八日　北平的中德文化协会是中国及德意志两国间的文化交流机构，创立数年，本日招待北平各方面的人士。

二十九日　中央研究院社会科学研究所与社会调查所因工作上重复之事较多，本次将调查所并入研究所。调查所从中华文化基金每年领取八万元补助，合并后当继续资助。研究所所长陶孟和二十八日就职。○对于北京大学研究生院学生会的决议，蒋梦麟校长表达了来年采用英国式 Tutor 制的意思。研究中国古乐的美国人李维思前几年赴美宣传中国音乐，前几日来北平，其著作

《中国音乐形态之基础》即将由法文图书馆出版。据他的主张，中国各大学必须设立汉乐学科，应该取缔欧乐的糟粕淫靡之曲调。

【参　考】　本月出版界预定各种图书：（一）中华书局的《四部备要》及《古今图书集成》（殿版铜活字本）；（二）北平文友堂的《太平广记》五百卷（影印明嘉靖本）；（三）中华书局影印各省通志（第一次出版为湖北、湖南、浙江、广东、山东、畿辅六种，预定价约六十元）；（四）商务印书馆的百衲本《二十四史》再预定（已刊十种：《汉书》《后汉书》《三国志》《宋书》《南齐书》《梁书》《陈书》《五代史记》《辽史》《金史》）。杂志创刊号有：《民间》（半月刊，以农村运动问题为主），《文史》《学文月刊》等，都在北平发行。王芸生著《六十年来中国与日本》第七卷（大公报出版部）出版。

六　月

一　日　瑞典探险家斯文·赫定（Dr. Sven Hedin）率领的科学考察团去年十月从北平出发赶赴新疆，自此之后便杳无音信。最近好不容易得悉，他们在库尔勒被马仲英拘留，今春经额济纳河（Etsin-Gol）奔赴哈密。

二　日　中华教育文化基金会为奖励自然科学研究，自民国十七年起每年拨出补助金，本年公布其当选者四十八名（补助金约十万元）。〇胡适与陈三立本次当选伦敦笔会（Pen Club）的名誉会员。

三　日　上月召开的中英庚款董事会，公布本期教育文化补助金的分配额度。总金额一百三十三万七十余元。接受补助的主要团体列记如次：

中央博物馆、中央图书馆、中央研究院、北平研究院、中央大学、中山大学、武汉大学、浙江大学、北洋工学院、上海医学院、编译馆、中央卫生实验处（以上国立）；湘雅医学院（省立）；南开大学、燕京大学、厦门大学（以上私立）；中英文化协会、中国营造学社、辽宁医学院。其他如留英学生费（今年三十一名）、各种奖金、江西省收复区农村教育费、小学建设补助费等。

四　日　印度诗人泰戈尔提倡的中印文化协会的组织受到各方面赞同。

五　日　各报纸发表社论吊唁东乡元帅①的葬礼，同时以求日本方面反省。○南京的国立中央大学公布了教授、副教授的人数。合计三百三人（内副教授五人）。科别人数如次：

	文科	理科	法科	教育科	农科	工科
男	五五	二五	四三	五四	四八	五六
女	三	七	〇	九	三	〇

六　日　本日《北平晨报》的社论以《庚款用途统一之必要》为题，论述如次：

庚款返还始由美国于 1934 年提倡，迄来二十五年，实际返还的有美、法、英、荷兰、比利时五国，德国、奥地利因宣战而自然取消，苏联也宣布自动放弃，其余日、意、葡、西、瑞典、挪威六国，或称返还，实尚未返还，或已正式返还但尚未确定其用途。——美国庚款有两大原则，一为科学知识的发展、应用，一为永久的文化事业（图书馆等），返款的一部分作为永久资金存

---

① 东乡元帅，即东乡平八郎，昭和初期日本海军将领，在对马海战中率日军击败俄国海军。——译者

储。法国庚款全额贷款给中法实业银行，作为该行发行的五分利美金公债的基金，该银行每年支出美金二十万元给中国的教育及慈善事业。比利时庚款是在华比银行的垫付款完成后，自民国十七年四月迄二十九年十二月每月支出的赔款用作发行美金债券的担保，其用途，百分之四十充作为陇海铁路购买比国的材料之用，百分之三十五作为其他中国国有铁路的比国材料购买费用支出，百分之二十五用于中比间的教育慈善。英国庚款充作建设中国铁路的其他生产事业之用，其利息用于教育文化事业，其用途也有两大原则：一是永久的教育文化建设及与全国重要文化事业有关系之事（不得充作任何机关的日常经费及临时经费）。其二是不由中央及全国各文化中心随便分配，而是将事业努力集中，补充国内教育文化的缺点。荷兰庚款百分之六十五用于中国水利事业，百分之三十五用于文化事业。——以上五国庚款由各委员会管理。美国庚款有中华教育文化基金董事会，法国庚款有中法教育基金委员会，比利时庚款有中比庚款委员会，英国庚款有中英庚款委员会，荷兰庚款有中荷庚款水利经费董事会（意大利庚款有中意庚款委员会，用途未确定）。这五个管理机构或隶属于行政院，或为独立，不尽一致。——去年十一月政府为了各机关统一，召开庚款机构联合会议，讨论以下三个问题：一是预算编成顺序的问题，二是决算报告审查问题，三是各庚款机构的共同问题。原来此种机构是利用外人关系的组织，自认独立于中国行政系统之外，不受任何行政机关的监督，政府亦无由得见其预算，无法审查其决算报告。兹有共同统一的必要。今年三月第二次会议之际，教育部部长王世杰提出分工合作的原则，主张美款应致力于应用科学（农、工、医）事业，法款因致力于医学、药学、生物学及艺术事业，各庚款机构支出一部分给社会科学和文艺，对教育文化事业的补助宜以重点发展乡村文化教育。——吾人虽然并不认为用此主张便已足够，但政府对此有统一的自觉还是很好的。各庚款机构中，美、英二者较有系统与方针，其他则未见有成绩。所谓文化事业，大抵皆偏重图书馆、博物馆的建筑及各大学系科的设置、留学生的派遣等，但忽略了中国今日最为必要的基本工作（农民教育、职业教育、农产改良等）。——吾人认为今后政府当于此方面多加留意，指导各庚款机构进行农民的改造、农业的改良、普通农工业指导者的养生。并且在次年度事业确定前召开联合会议，使其相互审查各自的方案及来自各方面的补助请求额度，适当分配，避免重复，相信应可提升庚款用途的效果。

八　日　天津的《大公报》本日发表题为《庚款与教育文化事业》的社论，敦促当局考虑。现将与《北平晨报》所论不重复的观点摘译如次：

庚款已返还给中国的额度，美国一千二百五十五万美金，英国一千一百五十万英镑，法国三亿九千一百五十八万法郎，比利时、荷兰金额亦相当。其用途多为教育文化事业，合计每年美款九十余万美金，英款五分利息金，法款二十万法郎，比款六十万法郎。——有关教育文化事业各国有各自不同的目标吧。各国均让中国学生留学本国，并希望能设立对中国人与中国文化交涉或有影响的机构……舍此以外，所谓中国的教育文化的发展之事，恐怕是各国共同的目标吧。各庚款委员会中国人占了三分之二的大多数，然而中国人不是更希望有一个由中国人主持的另一个总机构吗？还款国中，由于重要的英、美二国的目标完全一致，两国如共同进行工作，应该能更有系统和效果。行政院每年召开联合会议，对将各机关的预算送往行政院审查等二事仍不满足。——关于庚款的用途我们亦有提议。中国现在应加速创建一个大规模的图书馆。英款第一次的配额预算应该以一百五十万元建设国立中央图书馆，如能实现的话将比北平图书馆更大。我们希望此计划在最短时间内实现。未来的中央图书馆的规模，更为宏大是自不待言的（中略。大意为现在中国研学上的不足和大图书馆的必要）。学生一知半解，左右不定，毫无信仰，教授荒废其业，原因都在于缺乏大规模的图书馆。全国各大学所见藏书总数不过三百余万册，大多数的大学所藏洋书不到一万册。以此可知无论如何中国都有建设好图书馆的必要。——其次是关于教授讲座的设置，能看到已有七年历史的中华教育文化基金会的成绩，不得不怀疑其效果。今次的英款亦设六个讲座，能聘请的短期教授之名额，与英款金额之大相比实在太少。若招聘的话不单为了学生，而且也应该为最高水准的研究生教授的利益。不如先求得图书馆和实验室的完备，此外再去聘请外籍第一流的教授。——研究补助金的方法亦不得当。中华文化基金的补助金大半不是为了专门研究，只是追求学位，仅用于贫苦学生的资助，亦帮助学士、硕士（大学研究院毕业生）取得博士称号，研究题目却被当成了副业来完成。（下略）

○作曲家海顿（F. J. Haydn）逝世一百二十五周年纪念演奏会在清华及燕京两大学举行。○贵州省安顺县（清代的安顺府）的续修府志编纂工作，据说由黄元操、可澄等人从事。○中央研究院自然历史博物馆的云南自然科学采集团去年六月出发采集动植物标本，本日归京。

九　日　以教育部禁止小学生学习文言文为发端，南京最近发起文言运动。当局与教育者之间互有论战，江苏省立国学图书馆馆长柳诒徵发表一篇《小学国语教材之疑问》，将中华、世界、商务三大书店出版的国语读本攻击得体无完肤。

十　日　教育部认为应该在南京创设女子大学，已订立计划。○天津的国立北洋工学院决定设立理工研究所。

十二日　东京上野美术馆自本日起举办为期十天的中华民国留日学生美术展览会。

十六日　政府发布了每年八月二十七日为先师孔子诞辰纪念日的命令。○杭州西湖畔的雷峰塔于民国十三年崩塌，当地组织讨论应如何保存千余年的古迹，决定仿造六和塔的样式再建，目下正在募集百万元款项。

十八日　曲阜的衍圣公孔德成，本年十五岁，据说经政府斡旋，计划将来留学海外，并表示即将兴修圣庙。

十九日　受美国财经界不景气的影响，美国经营的在中国的教会学校、慈善团体陷入困难，去年八月以降陆续统一各派的中华基督教总会于今年八月迁移本部至北平，因此北平外其他华北各地的美籍传教士基本都要回国。燕京大学同时也陷入经费上的困境。○中央研究院开始缩小规模，自然历史博物馆改为动植物研究所，据说内定所长为王家梓，心理学研究所所长为王敬熙，化学研究所所长为庄长恭。丁文江前十八日就职总干事。○报纸大肆报道，据南京卫生署的统计，国内每年自杀、溺毙及遭枪杀的死者有六百万人，平均年龄十岁，按年消费总额五十元计算，一年将损失三亿元。

二十日　中央西北调查团的沈宗瀚一行从事西北的土壤、农作物、移垦、水利、农村经济的调查，本日由兰州赴青海。

二十七日　柏林的中国研究会（德人组织）召开大会，中德实业界共同讨论各种技术计划。○中波文化协会在南京教育部举行第一次年会。

二十九日　中华教育文化基金董事会第十次年会在北平召开。本年度因美金下跌导致经费不足，原预算二十三万余元也实施紧缩，实际已不足六万元。对次年的预算，相较本年美金下跌的趋势更甚，将该款分配全额一百七十余万元减至一百三四十万元，其中自办、合办事业预算九十二万余元，继续补助费四十二万元。

（甲）自办、合办事业的重叠部分：本会（十一万余元）、科学研究补助及奖励金（十一万元）、编译委员会（四万六千元）、国立北平图书馆（日常费十四万元、购书费六万元及三万美金）、静生生物调查所（八万二千元）、社会调查所（八万元）、本会与北大合作研究特款（十万元）、土壤调查（五万元），其他如科学教授席、科学研究教授席等。

（乙）补助机构：地质调查所（十万元）、中国科学社生物研究所（五万元）、中央研究院历史语言研究所（三万元）、南开大学（三万元）、武汉大学（五万元）、上海医学院（三万元），其他如黄海化学工业研究社、中国营造学社、中华职业教育社、金陵中山岭南三大学农学院、文华图书馆学专科学校、厦门大学、华美协进社等。

七　月

一　日①　最近英国的各大学中国委员会将中国院（China House）的名称改为中国社（China Institute），该社为留英中国学生十数年来的尽力经营而成。

三　日②　山东省政府决定修整省志，设立修志委员会，聘丁惟汾、赵新儒为正、副主任。

---

① 本日天头有"北平、奉天之间本日通车"一句。——译者
② 本日天头有"日本斋藤内阁集体辞职，冈田内阁成立"一句。——译者

五　日　故宫博物院理事会任命徐鸿宝为古物馆馆长，袁同礼为图书馆馆长，沈兼士为文献馆馆长。

八　日　全国矿冶地质联合展在天津北洋工学院举办。〇内蒙察哈尔十二旗群根据中央制定的"内蒙古自治办法原则"，正式改为一盟。

十二日　裴陶斐学会在天津北洋工学院召开。该会系中国唯一的名誉奖学会，其名称为希腊语"哲学""科技""生理学"三语的首字母的音译，民国十年由北洋大学教授爱乐斯发起，组织国内教育界的名士，以奖励学术、提倡研究为主旨，选择各大学教授、学生为会员，授予被选者最高荣誉。〇整顿北京大学的教育部令原文发表。令文指示了原来的商学院合并入法学院改成法商学院事，其他如女子文理学院、附属医院、农学院、工学院等详细的整顿办法。〇赫定博士平安，仍滞留迪化。

十四日　全国职业教育会及中华职业教育社年会在南昌举行。〇月初赴西北语言调查的北京大学教授刘复（半农）归平后患回归热，本日竟逝世。

　　　刘氏之略历：刘复字半农，享年四十四岁，江苏淮阴人。早
　　先以在上海从事文艺创作兼翻译外国作品而得名。民国六年北上

任北大教授，迄今未与北大脱离关系，中间任女子文理学院院长、辅仁大学教务长之职，继由北大赴巴黎留学，专攻语言学并获得法国的学位。归国后，在北大继续研究，在中国语言学上多所贡献。其重要单行著作及译作有：《比较语言学概要》（P. Passy 原著之翻译，商务，十九年）、《中国文法通论》《四声实验录》（以上二种，群益书社）、《中国文法讲话（上卷）》《扬鞭集》《瓦釜集》《茶花女》（《椿姬》之译）、《国外民歌》《西游补》《何典》（以上二种刘氏标点）、《法国短篇小说集》《失业》《猫的天堂》（以上二种为左拉原著之翻译）（以上十种，北新书店）、《半农杂文》《半农谈影》（开明书店）等。

十七日　陕西考古学会最近在西安斗鸡台发现兽化石，昨日连同最近发现的其他数千件发掘物一并被运往北平研究院。

十八日　前日在山东省蒙阴逝世的北平辅仁大学理学院院长李嘉博士（Dr. Richarz）的大弥撒礼在北平举行。博士享年六十，美籍，兼任辅大的化学科、地质矿物学科的主任教授。

十九日　河北省中学毕业生会考结果公布。不合格者占全体的三分之一，引发教育界的关注。○据国际联盟文化合作委员会发表的法国教育家莫列德的赴华视察报告书，中国教育目前的需要是要有技术教育的发展。

二十日　南京金陵大学为了发展国学，自今年始招收国学特别研究生。入学资格为公私立大学的中国文学科、史学科毕业生中成绩优秀者。据说由黄侃、胡光炜、程瑶田、刘国钧、吴梅等任导师。○对于陈独秀判决十五年徒刑的上诉，最高法院下达了徒刑八年的判决。

二十七日　中央庚款会留学考试合格者发布，凡二十六名。

二十九日　天津南开大学经济学院奉教育部令改为经济研究所。

【参　考】　进入本月，由全国各大学新毕业生组成"职业运动大同盟"，为缓和就业难而奔走。本月上海创刊的杂志，有《文艺半月刊》《现代女性》《创作与批评》《新语林》《舞台与银幕》等。最近据公安局的调查，上海人口三百三十九万余（其中，外来人口六万五千），北平人口一百五十五万余。今夏全国各地的水旱疫灾本月已臻极致，损害已计十亿余元。对于旱灾，各地都在举行祈雨。

八　月

二　日　中英庚款董事会在青岛召开，通过以下决议：（一）广东建设厅借款十三万英镑（纱厂扩张计划）；（二）铁道部借款二十万英镑（粤汉铁路整理计划）；其他。

五　日　据南京侨务委员会的调查，全国人口密度以江苏最大（每平方里98.7人），河北、浙江二省次之，人口最稀薄为新疆省（每平方里0.5人），西藏、青海又次之。〇平津国立院校教职员联合会组成教职员保障委员会。〇北大教授周作人、徐祖正游历日本，受到文坛、学界的欢迎。

七　日　教育部内设置全国学术咨询处的组织条例最近起草完毕，征求各方面的意见。该处的主要工作是帮助毕业后的失业学生，及介绍全国学术机关人员工作，据说原来的海外工作咨询委员会将被废止。

九　日　去年由北平商学院前院长王之相发起的中俄大辞典编纂委员会，迄今编纂工作已完成三分之一，预计二十四年夏付印。

十三日　江苏省无锡之南的南太湖水干涸，自华大房庄一里许的湖中现出城市之址。相传为古时湮没的三阳县城。

十七日 北平图书馆应法国公使馆之请，与巴黎国立图书馆交换馆员一名，同馆编纂委员王重民本日离平赴巴黎。

二十五日 中华平民教育促进会以十周年纪念日在北平召开总会，举行去世的董事长朱其慧（熊希龄的夫人）的追悼会。该会的工作近年来为社会所认可，去年一年于定县的实习参观者达七千人。

二十六日 经济学社年会在湖南长沙召开。

二十七日 山东省政府据中央之令定本日为孔子诞辰纪念日，上午七时在曲阜文庙举行由中央特派的叶楚伧主祭的盛典。各地文庙也纷纷祀孔，全国休假。全国的报纸也推出祀孔专号，赞叹尊孔。

【参 考】 本月新出版：《邃雅斋丛书》（十册，七元，北平邃雅斋影印，伦明哲如藏本）、《甲骨学文字编》（朱芳圃著，十册，七元，商务印）、《十三经索引》（叶绍钧编，五元五角，上海开明书店印）、《中国地学论文索引》（王庸、茅乃文编，二册，一元六角，国立北平师范大学图书馆出版）、《西辽史》（E. Bretschneidr 著，梁园东译注，商务印）、《双剑誃吉金图录》（于省吾编，二十元）。○本年六月，由南昌行营至江西、河南、安徽、湖北各省实施烟毒统制之令，绝对禁止烈性毒品（吗啡、海洛因及其他）的制造、搬运、吸饮、买卖，违反者判处死刑，限于六年时间将之绝灭，渐次实施区域及至江苏、湖南、浙江、福建、陕西、甘肃各省，委托军事委员会执行之，处罚极为严重，北平也在渐次实行，听闻屡屡处以枪决。

九　月

五　日　婚丧礼俗条例已经内政、教育二部制定审核，据说立法院将要审核。○旅平达二十四年的美人义理寿最近完成了《四库全书索引》（根据独特的号码及英文字母编制，六月已出版，定价十八元）。

六　日　大阪朝日新闻北平访问专机（大阪出发）下午五时着陆南苑，受到各界的欢迎。○为方便参观大同云冈石窟，平绥铁路每周末售卖一次游览券。另外，云冈修缮计划由国内名士正在推进。

八　日　本年度教育部全国教育文化经费预算已经行政院上呈中政会审批。日常费用总额一千七百六十五万余元，临时费用一百三十七万余元。

九　日　北平研究院举行成立五周年纪念仪式，发表各研究所的工作情况。

十　日　北平研究院开放各研究机关，任由参观。（一）物理学研究所、（二）化学研究所、（三）药物研究所、（四）生物学研究所、（五）植物学研究所、（六）动物学研究所、（七）地质学研究所、（八）博物馆（怀仁堂）。

十二日　中国国际图书馆主办的中国艺术展览会在日内瓦召开，展出古今画、瓷器、精版图书、工艺美术品等千余件展品。

十三日　美国著名的东洋学者、人类学家洛斐博士（Dr. Berthold Laufer）从高楼坠下去世，享年六十，曾任北平图书馆特别通信员，有人类学、考古学、东方美术、哲学、历史、生物等相关著述二百余种。

十六日①　来华的美国著名演讲家艾迪博士（Dr. Sherwood Eddy）本日抵平，数日来连续在各方面演讲，激烈地批评日本的政策。

十八日　全国各地各界举行"九一八"纪念仪式，各报纸满

---

① 本日天头有"苏联加入国际联盟"一句。——译者

载国难三周年的记事。

二十日[1]　北平戒毒所本日正式开所。自本月四日至十九日开始收容患者，十六天内，现在收容数为四百二十一人，据说其中百分之八十是中壮年者。○今年创立的北平市体育专科学校本日开学。

二十二日[2]　应苏联邀请入苏的梅兰芳决定明年一月出发，留苏三个月。据消息，其将视情况再由苏联赴意大利之邀。

二十三日　由伦敦的中英学界要人发起，为了两国文化事业的发展，决定自明年十一月二十四日在伦敦举办大规模的中国艺术展览会。

二十五日　教育部部长王世杰播报中国教育界的现状。

（一）高等教育	民国元年	民国二十二年
大学数	四	二八（含独立学院即单科大学）
专科学校数	○	二九
大学专科学校学生数	四八一人	四三五一九人

---

[1]　本日天头有"黄郛归平（十九日）"一句。——译者
[2]　本日天头有"从未有过的飓风袭击日本（二十一日）"一句。——译者

　　大学专科学校经费　　　七五万元　　三四六五万元

　　　　（但含私立学校一四八九万元，省立学校四四一万元）

（二）中等学校（以下省略）

二十八日　金陵大学图书馆馆长刘国钧是中国图书馆学的泰斗，据说本次将图书馆的相关事务拍摄成影片提供给图书馆界。

【参　考】　本月新出版：《辞通》（朱起凤编，二册，九元，开明书店）、《洛阳故城古墓考》（*Tombs of Old Lo-yang*，William Charles White，怀履光著，三十五元，上海别发洋行）、《东山谈苑》（余怀纂，二册，二元，襄社影印）、《开明二十五史》（九厚册，四十元，开明书店锌版，原本殿版，加入《新元史》）、《史前期中国社会研究》（《中国社会史纲》第一册，吕振羽著，一元三角，北平人文书店）。

十　月

　　一　日　曲阜孔庙及周、颜、思、孟各庙的修复费报价八十万元，已筹捐约二十万元，不足部分较大，韩复榘向中央请示。据戴传贤的复电，祀孔基金募集之时，除由中央支出二十万元外，也有从各省府民间及海外征募最小额度百万元，以及孔氏后裔的优待、文化事业的建设等相当的计划。

四　日　中常会通过孔庙修复的具体办法，成立委员会组织其事。

十　日　本日正逢作为国庆纪念日的"双十节"，在天津召开第十八次华北大运动会。十四个单位参加，达千余人。会期五日。

十一日　中央以阐扬孔子学说为目的，在曲阜设立明德书院，并决定附设中学、小学之事。

十五日　戴传贤在纪念周期间的教育演讲，鼓吹国人的经书研究。〇福州名胜鼓山涌泉寺的回龙阁等全部烧毁。

十六日　意国驻华公使馆最近与外交部决定了关于中意文化沟通的三条办法。（一）两国交换教授；（二）向意国派遣中国医学者数人，专门从事肺病的研究（费用意国负担）；（三）向意国派遣中国考古学者数人，研究文物发掘保存的专门技术，意政府给予其特别之便利。

二十日　北平静生生物调查所开办六周年纪念展览会。该所系尚志学会与中华教育文化基金董事会合办，为纪念范静生于民国十七年十月成立，今办公所在为范氏故宅。有动、植物二部，现有技师八人、研究员六人、职员十五人。○为迎接在平的前大总统徐世昌的八十寿辰召开茶会。徐世昌近年杜门从事清儒学案的编纂，集有清一代学术史志之大成，据说正在刻印之中。

二十二日　自民国二十一年度北京大学与中华文化基金委员会设定其研究合款后，设立有"研究教授"。本年度的研究教授凡二十一人，其中，举文学院研究教授名及课题如下：

（一）周作人：希腊神话、《古事记》神代卷的翻译。（二）张颐：康德哲学的酝酿及其发展过程、黑格尔哲学诸问题。（三）陈受颐：明末清初的中西文化的接触。（四）汤用彤：汉魏两晋南北朝佛教史。（五）刘复（已完成的项目）：西汉时代的日晷、莽权价值之重新考定、《吕氏春秋》昔黄节解、乙二声调推断尺、《十韵汇编》改编、故宫所藏古今乐器音律之测验、古声律研究。

○中英庚款会为奖励出版物特设出版物奖金三种（各四千元）。包括（一）民众教育读本、（二）小学乐歌、（三）高级小学历史教科书。截至二十四年六月末。

二十三日　对故宫盗宝案，政府决定让中央古物保管委员会严查。据闻萧瑜（原农矿部政务次长、北平大学农学院院长）夫妻运往法国的盗窃国宝确有百箱，在上海海关发现。○洛阳试验区尝试实行强制征学制（男女四十岁以下均应接受教育）。

二十四日[①]　教育部下令专科学校以上的学校应设立职业介绍部门，并下令与教育部的学术工作咨询处紧密联络。

二十八日　上海暨南大学哲学教授李石岑本日逝世，享年四十三。○中央执行委员会决定采用《礼记·礼运篇》的"天下为公"一段作为孔子纪念歌，向全国发布指令。

【参　考】　本月出版：《正气堂集》（明俞大猷著，十二册，十元，南京国学图书馆影印）、《江峰漫稿》（明吕高撰，四册，二元，同上）、《地理学报》（中国地理学会编，创刊号，南京钟山书局）、《元典章校补释例》（陈垣著，二元，中央研究院）、《世界文学》（杂志，创刊号，天津会友书局）、《万有文库》第二集预约（七百种，二千册，商务）、《文化建设》（杂志，创刊号，天津直隶书局）。

〔附〕本年五月创刊的《学文月刊》（北平同社）为《新月》的改刊，最近决定由胡适、梁实秋、闻一多三人主事。

---

① 本日天头有"蒋介石来北平"一句。——译者

十一月

一　日　日内瓦中国国际图书馆为沟通中西文化之目的特在上海召开世界图书馆展览会，接着北平也于本日起开办为期一周的北平图书馆展览会。

四　日　中国留日学生因"九一八"事变以来虽有减少，自去秋渐次增加，九、十两个月一跃达至千余名。

七　日　北平美国公使馆书记官维尼司夫人雪·维尼司最近完成《红楼梦》的英译，由纽约的约翰书店出版（上下二册，七美元）。

十　日　中央确立山东省聊城杨氏海源阁珍藏图书（已佚失或售卖的图书甚多）的保存方案，决定归于国有，据说目下正在商量购价之中。现残存书籍十余大箱为济南杨宅所有。此外，珍本九十余种（内有宋版四经四史，但其中一部分为明版，《史记》亦缺少一部分）前由杨敬夫以十八万元担保给天津农工银行等，期满后已归银行所有。中央亦派人收购之，出价三十万元未果。

十一日　自二十一年以来借用中英庚款（二百五十万元）而建设的杭州钱塘大铁桥完工（总工费五百五十万元），本日举行落成仪式。

十五日 中常会决定尊孔办法。（一）改衍圣公名义为大成至圣先师奉祀官，给予特任官待遇。（二）以四哲为旧赠名义（如复圣为复圣奉祀官之名义），给予简任官待遇。（三）以国费使至圣及四哲的嫡裔大学毕业。（四）国家在曲阜特设小学，给予孔、颜、曾、孟后裔以优待。其办法由教育部定夺。（下略）

十六日 中法教育基金委员会会议在北平召开，商议法兰西学院数学教授哈德马招聘费及其他三事项。

二十一日 中央庚款会财务组召开会议，批准江苏省的借款（渔船购置方案，一百万元）。

二十四日 内政部规定，各机关挖掘的文物因研究必须运往国外时，应先通过中央文物保管会的稽查。○中央庚款董事会例会在上海召开，讨论审查（一）实业部及浙江省的借款（造纸工厂建筑方案），（二）导淮委员会借款账目及规定。○近来巴黎市场上发现很多中国的古董器物，有法国古董业者向法当局咨询输入税率。这些可能涉及故宫的窃物。

十二月

二　日　中国文化协会东北分会在北京设立。该会的成立据
所附梅佛光的报告，东北沦陷以来，其同胞很多流落关内，东北
分会故当积极团结在关内的各东北同胞，准备将来恢复失地。

五　日　美国大学文科名誉学会华北分会创立一百五十周年
纪念会在北平召开。胡适发表演讲。○中央研究院的殷墟发掘团
今秋以来在侯家庄继续发掘，工作顺利，发掘出许多饕餮（兽头
人身、兽尾、高尺余，大理石制，夜间发光）、陶器、铜器、
甲骨。

八　日　前月下旬以来，因校长问题而持续同盟休校的济南
齐鲁大学，通过大学董事会决议，推选梅贻宝为校长（同盟休校
问题十二日解决）。

九　日　今春以来在欧美各国视察文化事业的北平图书馆馆
长袁同礼本日归平。

十　日　瑞典考古学者赫定博士现在陕南，最近收获了罗布
淖尔湖附近的发掘物、罗布淖尔实测图，据说明年一月归平。另
外，明年二月祝贺其古稀的纪念论文集应该在瑞典出版。○杨震

文将任河南大学校长。

十二日　上海的日报公会、记者公会开会，电请中央保证各自的言论自由。

十六日　中国民族学会在南京成立。中心人物有蔡元培、黄文山、何联奎、凌纯声、孙本文等。

十七日　北京大学本日迎来创立卅六周年纪念日（始于光绪二十四年奉诏建立京师大学堂）。○北平师范大学本日举行创立卅二周年纪念式。

二十日　自本日于行政院召开庚款机构联合大会，讨论重要各案如次：

（一）从中美、中英、中法、中比各庚款中支出一部分资助相关义务教育及职业教育，其详细办法应由教育部立案。且明年六月由教育部召集各庚款机构组成委员会商议其执行之事。

（二）用中美、中英、中法、中比各庚款经费在各国立大学设立研究所。

（三）对于各庚款的支出请求方案中，不具备普遍性质的，由该机关直接向各庚款会请求。

其他还讨论了农村事业（以各庚款的十分之一设之）、边疆教育等相关事宜。

二十三日 本年自一月以降至十一月末十一个月间的收入超过四亿五千万元。

三十日① 数年来的通邮问题悬案解决，决定自明年一月十日实施。

【参　考】 本月上旬蒋介石在江西的"围剿"渐占上风，共产党于广西省境沿西退却。

（一九三四年十二月三十一日稿）

---

① 二十三、三十日间天头有"日本通告废除海军条约（二十九日）"。——译者

民国二十四年（1935）一月至
八月中国学界大事记

一　月

九　日　德意志远东协会希望与清华大学进行两国学术的联络，提议相互交换研究生。清华大学评议会接受其请求，继之协商其实行办法。

十　日　王新命、何炳松、武堉幹、孙寒冰、黄文山、陶希圣、章益、陈高傭、樊仲云、萨孟武等所谓的十教授发表"中国本位文化建设宣言"，聚集学界的视听。其要旨是不守旧、不盲从，以中国本位为根据，采用批评的态度，应用科学的方法检讨过去，把握现在，创造将来。○鄞县天一阁重修去年六月开工，样式为一切如旧，现已完成旧阁部分，范氏诒榖堂中封存的图书复归天一阁。此外，重修委员会将募集捐款，为了移转宁波府学尊经阁的建筑及开始修建新天一阁。

十一日　北平市政府准备中的旧都文物整理委员会成立。委员为黄郛、宋哲元、袁同礼、沈兼士、殷同、马衡、朱启钤、翁文灏、朱深、陈汉第、程克等十六名，预算为三百零九万元。

十二日　旅行中国南方的胡适在香港演讲，反对读经书即读经运动，引起了广东当局、中山大学的反感，中山大学教授古直等电请中央惩罚胡适。

十三日　据教育部的统计，最近四年间（民国十八、十九、二十、二十一）中国海外留学生的总数为三千七百一十三人，[①]法、文相关学科占多数。

（A）国别：德三〇〇，英一四六，法五二一，比一三四，意四，瑞三，奥一三，丹、荷各一（欧洲计一一二五）。美六四四，加五（美洲计六四九）。日一九二五，埃、印、比等一三（亚洲计

---

① 此处留学生总数与下文列举各项总和并不一致，盖原作有误记。——译者

一九三三）。

（B）科别：理三一九，农林一六七，土木建筑五六九，医药二三六，文哲五八七，法政一一六二、教二一六，商一四一，军九，未详二一七。

十四日 以诗人及学者而知名的北京大学教授黄节因糖尿病，在北京寓所去世，享年六十二。

黄节字晦闻，广东顺德县人。师事简朝亮，光绪庚子前后离粤，出游各地。信奉民族主义甚深而参加革命。又与邓实等人在上海创办《国粹学报》，几近耗尽家资投设国学藏书楼（所谓的风雨楼）。其后与柳亚子、叶楚伧等革命文士共同发起南社，以诗文鼓吹革命。南社的词章多受龚定庵之影响。民国七八年间为北京大学教授，专门讲授中国诗学，也在师范、清华两大学授课。十七年出任广东教育总长，十八年复任北京大学教授至今。重要著作：（一）《汉魏乐府风笺》（十五卷，四册，民国十二年北京大学出版部印行，以下皆同），（二）《鲍参军诗注》（四卷，二册，十二年印），（三）《谢康乐诗注》（十三年印），（四）《诗律》（六卷，一册，十四年印），（五）《阮步兵咏怀诗注》（一卷，一册，十五年印），（六）《曹子建诗注》（二卷，一册，十九年印，商务印书馆印），（七）《诗旨纂辞》（三卷，一册，未刊，十九年印），其他尚有笺注曹氏父子诗及顾亭林诗的未定稿。

十六日　天津市最近的文化团体有新民学会（会长陈先舟，总干事艾秀峰），举行编译社的成立仪式。

该会的组织为：（一）编译社，（二）期刊出版部，（三）印刷局、编译社内设教育社会系、政治经济系、自然科学系三系，目前的工作是共同编辑各种丛书及单行本。

十七日　故宫博物院文献馆（馆长沈兼士）经五年完成初步整理工作，本日招待学界人士，提供参观。

清政府档案，与国事相关者为军机处及内阁保管，与帝室相关者为内府保管。民国十四年溥仪氏出宫后，经由阁议，以清室善后委员会保管内阁大库的档册、内府所藏之档案图籍，继之归博物院所管。该馆民国十八年以降将其所管文献整理分类，标签列架，一如图书馆之制。此外，该馆还藏有黄绫本汉文的清朝实录（缺百余册）、内府所辖各署司之文献（如升平署戏目唱词、宗室之玉牒等）、内府秘藏之舆图等，皇史宬中有关军机处之文献为该馆分院保管，整理完毕择其重要者民国二十二年春南迁。

十八日 中央古币保管委员会计划开辟陕西兴平县的茂陵（汉光武帝之墓）为公园，修茸秦始皇帝陵及白马寺、兴善寺等事。又该会筹设西安分会，以期整理历代的文物。○南京古物调查会最近发现古迹，名为天玺纪功碑（一名天发神谶碑），系三国时东吴孙皓所建。明代时一部分被焚毁，洪杨之乱复遭大火，掩埋于地下。○文化建设协会北平分会教育事业委员会（主席蒋梦麟）召开，商议事项如次：

（一）选定常务委员（九员）：徐诵明、李蒸、梅贻琦、李麟玉、陶梦和、姜绍祖、蒋梦麟、蔡元培。（二）举行大学生讨论会。题目：（甲）文化与民族复兴；（乙）中国目前最需要之文化性建设；（丙）中国文化发展之过程。

二十四日 继去年十月确定的中意教授交换事宜，中国方面选定北平大学的夏循垍、黄傅霖、安儒、武文忠、唐长风五氏。

二十五日　北平市坛庙管理所的古乐器（八十八箱）于南京由故宫博物院代表检点，因全为古代的琴、瑟、钟、鼓、磬等，暂存至陵园警卫处，呈请行政院核准，当由内政部保管。

二　月

三　日　陕西省耀城县城外四十华里的柳林镇发掘出六朝石碑十三座。有大统、天和、延昌年间的造像。

七　日　中央古物保管委员会对各省政府发出通告，今后未经本会核准，外国人不得在中国领土内挖掘文物。

十一日　中宣会、行政院代表聚集内政部，审议出版法的修订。其重要变更处如次：

（一）地方管理权限之扩大；（二）由省府登记改为转呈县府；（三）严格禁载限制；（四）须有登记保证金；（五）行政处分上的变更；（六）出版审查未必要附上稿本；等等。

十二日　为天津富豪卢靖（号木斋）收藏的书籍于北平旧刑部街创设木斋图书馆的筹备会。陈宝书、俞人凤等七人任董事。

〇导淮委员会借用英庚款九百万元的契约签订。在支出、管理方面，设立庚款借用委员会，陈其采、陈光甫、沈怡、杭立武、贝次尔、蒋履福、李文伯等任委员。〇第三次庚款联席会议决定为中国教育事业支出年额一百一十万元（连续三年）。

（一）以八十万元作为义务教育补助费。同时政府从二十四年度中央经费项目下作为义务教育费支出相当额度。（二）以十五万元奖励全国职业教育。（三）以十五万元充作国立大学的研究所筹备费。（四）以上各项事业今年六月教育部与各庚款机关组织委员会执行之。此前乃由教育部拟定临时办法，再通知各庚款机关。其三项办法为：（A）自二十四年至二十六年三年间，选定边远各省中一省或二省，同时选定行政院直辖市中一市或二市，作为义务教育区域。（B）对三年间公立或教育部立案的私立职业学校成绩优良且切实符合地方需要者予以补助。（C）补助二或三所国立大学筹设研究所。顺言之，之前的庚款充作教育事业费用，大部分为高等教育之用，但本次却一改其旨趣，过去亦补助城市教育较多，本次也推广至边疆教育。又，各庚款的负担分配为中美四十万元，中英三十万元，中法十五万元，中日二十五万元。

十四日 北平戏曲专科学校图书馆的珍籍遭火灾。○自本日起连续三日，中国地质学会第十一次年会在北京召开。

十六日 已故黄节教授的遗物中，有不少佛像石刻。黄家决定由北大教授马叙伦介绍，将之寄存于历史博物馆。现已搬入，近期供陈列展览。遗物中有宋淳化年间的观音石像、唐孙瓘的墓志、梁大宝年间的石佛像、云石佛座、褚遂良书《兰亭》石刻等。○赫定博士率领铁道部绥新公路勘查队一行七人自民国二十一年离京，深入西北，最近返回南京。所携新疆文物本日公布检查结果，有陶器、古镜、钱币、碎玛瑙等百余件，虽对其处置未定，已将其中一部分寄赠中央研究院及西北文物展览会。

十七日 江亢虎、胡朴安等为了保存文言与提高学校国文科的程度，组织筹备存文会。

二十一日 应苏联国际文化协会的聘请，梅兰芳一行本日从上海出发。

二十三日 估修孔庙委员钟灵秀、汤文聪及古代建筑专家梁思成等于曲阜结束实地考察，决定修理的范围及预算。又曾子的后裔曾庆灡向中央提案重修曾子庙。顺言之，曾祠位于嘉祥城南四十五华里武山之东。

二十五日 北京大学国文系教授许之衡因心脏病逝世。

二十六日　安阳殷墟发掘团于彰德城西八华里洹河以北的侯家庄获得的文物二百六十七箱中，二百箱之前已整理完毕，当全部整理后陆续移送往南京。另外预计三月在侯家庄一带再行开工。发掘文物中，陶片占十分之七，古铜器占十分之一，甲骨文、石子、瓦片等占十分之二。

三　月

一　日　南京的中央研究院历史语言研究所第四组去夏改组成立，为生物统计学、人类学、民俗学研究的唯一的国立机关。其组内的整理计划由旧腊欧洲归国的吴定良担任之，正在积极准备之中，最近添设二实验室。

（一）统计学实验室。（二）人类学实验室：甲、各种骨骼的测定；乙、人体的测量。吴氏的研究计划准备就绪者有以下四项：（A）指数分配曲线的比较；（B）生命的长短与子孙数的关系（以家谱研究与实际调查为根据）；（C）江浙人民体质的研究及其特征。（三）隋唐时代头盖骨与长骨的研究。

〇国立北平研究院物理学、化学两研究所决定扩张建筑及设备如次：

物理研究所：（一）研究北平的地磁之变化，设定场所在西山。（二）添设光学仪器制造工厂。化学研究所尤其注意颜料的研究与制造。设置小规模的化学工厂。

五　日　逊清之太傅陈宝琛今晨于北平去世，享年八十八岁。

陈宝琛，字伯潜，号弢庵。福建螺洲人。十九岁中翰林，二十七岁为内阁学士，历任江西学政、南洋会办大臣、礼学馆总纂大臣、弼德院顾问大臣、山西巡抚等，中法战争之际，屡屡上奏主战。三十三岁退职归乡，尽瘁于学务。六十一岁时来北京，任溥仪氏之师傅，革命后转往天津继续为溥仪讲书，其著作遗稿当经其子嗣等十余人之手整理问世。

七　日　北平古物陈列所搁置的房屋修缮计划在行政院会议上被通过，由旧都文物整理委员会着手实行其事。修缮的范围有传心殿，文华殿，太和、中和、保和三殿，东华门，西华门等。

○英国著名的汉学家格尔斯①最近在伦敦逝世，蒋梦麟、胡适发出唁电。氏著有关中国民族与文化的文字颇多，有《中国文学史》《汉英字典》《中国人名大辞典》等。

十一日 国立戏曲音乐院设置博物馆一事，本日于南京召开第一次会议，推选褚民谊、张道藩、陈立夫、王祺、陈树人为常务委员，由委员征集建筑意见书，决定聘请专家顾问等事。

南京戏曲音乐院成立五年以来，于北平设置其分院，该院大部分工作将由北平分院主导，去年八月改北平分院为中国戏曲音乐院，南京则为分院。院长为李煜瀛，副院长为程砚秋，日常院务由程氏主持。该院附属机关有四所：（一）中华戏曲学校。（二）实验剧场（目下筹备之中，地址定于东华门内的空地，建筑费十四万元，预定戏曲学校也移至此处）。以上二者，焦菊隐主办。（三）研究所（出版《剧学月刊》）。（四）博物馆（目下筹备之中，预计今年八月开放）。以上二者，金仲荪兼任所长馆长，张敬明任总务主任。博物馆二分为图书馆（主任杜颖陶）、陈列处（主任佟赋敏），图书处陈列剧照、脸谱、戏台、剧衣、戏曲音乐的千余种著述及其他，陈列处陈列一百二十余种中国乐器（中国

---

① 格尔斯，即翟理斯（Herbert Allen Giles，1845—1935）。——译者

乐器完全搜集的话达三百余种）。

〇中英庚款开会，通过中央机器厂十万元借款案。听说关于粤汉铁路湘鄂部分二十万镑借款案继续商议。

十三日 孔裔的代表孔繁英、孔繁藻等谒见孔祥熙，为了培植儒学人才，请愿设立国学院的方案。

十四日 蒋介石通令全国，禁止军队驻扎孔庙。

十八日 第三次庚款联席会议通过边省教育相关办法。

（一）暂限于陕西、云南、贵州、宁夏、青海、察哈尔、绥远、甘肃、新疆、西康十省实施。（二）由国库每年向每省补助七万五千元。（三）指定用途：甲、义务小学的添设；乙、短期小学的添设；丙、既有小学的充实；丁、乡村师范的添设或扩充；戊、各校二部制实施的补助；己、义务教育试验区的设立。

十九日 中比庚款会中国代表团本日在南京开会，褚民谊、曾仲鸣、段锡朋、吴颂皋、蒋履福被选为中比文化教育基金委员会委员。褚民谊、曾宗鉴、李松风、金宝善、王世泽被选为卫星建设委员会委员。受该基金会补助者，有北平中国文化学院、中比各医院、比国中比大学联合会等。

　　二十九日　中央国民党部在明故宫遗址内开工建造党史陈列馆。○河南省禹、密两县境内的莲花峰地区发现周定王之墓。丈余的洞内有数层的石门及石柱等，据说在考古学上颇有研究价值。

　　三十一日　本月十二日抵达莫斯科的梅兰芳一行，从二十三日开始公演，至本日结束。梅氏当另有德、法、英之旅行。○中国文化建设协会北平分会欲讨论"中国本位文化建设"问题，召集全市三十余名文化界代表举行座谈会。

四　月

　　一　日　北平坛庙的祭器乐器等由内政部向市府收领，自本日起于孔庙、国子监陈列开放。○中英庚款的公费生考试自本日于北平、南京举行，为期六天。

　　　纺织四、航空工程二、造船二、物理二、地球物理一、工业化学二、数学天文二、牧畜二、园艺一、地理二、医学二、英文学一、西洋史一、法律一，以上当采录十四门二十五名。

〇民国二十二年二月杨家骆于南京创立中国图书大辞典编修馆，以国学的整理、评介书籍及古今学者、编纂中国百科辞典及其他学术工具为目的。最近的状况列述如次：

杨氏编辑的《四库大辞典》、图书年鉴及《墨海楼书录》等已出版，杨氏所著十书以《仰风楼丛书》为名，其中除上述大辞典及年鉴之外，有书目志、丛书大辞典、《民国名人图鉴》《清代人名大辞典》《中国文学大辞典》《群经大辞典》《唐诗初笺简编》，预计年内完成。

四　日　北平辅仁大学多年来致力于中国语言的研究，其一为沈兼士主持的"广韵声系"，刘文典、陈祥春辅助之，经一年半，最近以韵及声纽的研究告竣，作为副产品的诸种《广韵》的研究，现已付印一部分。其二为德人鲍润生（Dr. F. X. Biallas）的"《楚辞》研究"，正在翻译成德语。鲍氏现年七十余岁，精通德、英、法、拉丁、俄、蒙、藏、汉各种文字，经其手的《中德实用字典》最近也当付印完成。

五　日　中华学艺社第六次年会在武昌中华大学举行。

张群为司会，议定该社今后的工作：（一）充实中日关系图书之出版；（二）中国古音乐源流之研究；（三）自然科学之研究；（四）民族复兴问题之研究等。

六　日　中国天文学会第十二次年会在南京召开。

决议事项：（一）在《宇宙》月刊上登载天文学论文索引、书籍介绍之事；（二）陈遵妫等主持《天文学大辞典》编纂之事；（三）继续进行《天文年历》编印之事。

○地政学会年会也在南京召开。

七　日　中国气象学会十周年纪念会在南京召开。○中央将清明节作为"民族扫墓节"，今年特派张继、邵元冲本日开始祭扫黄帝陵，到九日祭扫周陵、茂陵、昭陵。黄帝陵在陕西省中部县西北二华里的桥山。周陵在咸阳县北十五华里的毕原，是以周文王陵为中心，武王、成王、康王、周公诸陵的总名。茂陵乃汉武帝之陵，在兴平县东北十七华里处，其附近有卫青、霍去病等墓。唐昭陵在醴泉境内。

八　日　去年九月发布预告的伦敦中国艺术国际展览会将于

今年十月十八日至明年三月末召开，本日在上海召开预展会。

去年十月行政院组织其筹备委员会，另于十一月聘请专家，由专门委员会来负责展品的甄选。此后与英国方面的专家商量，最终至四月大体选定。展出机关为故宫博物院、古物陈列所、中央研究院、北平图书馆、河南博物馆、安徽省立图书馆等，其中以前二者为主，此二者的文物限于南方所有者的范围。文物凡一〇二二件，除准备详细的目录、照片、印章（其他用资检验者）外，还宣讲为抑制国内学界运英反对论的公开预展、以英舰运输等安保事项。

文物细目为：铜器（一号～一〇八号）、瓷器（宋窑一号～一一二号，元窑一一三号～一二三号，明窑一二四～二〇〇号，清窑二〇一号～三五一号）、书画（唐三，五代二，宋五五，元四一，明四三，清二九），其他织绣、玉器、景泰蓝、剔红、折扇、珍本古籍（三十种）等，铜器中有新郑及寿县的出土文物，书画重要者有五代董源的《龙宿郊民图》、狄林的《五鹿图》、宋巨然的《溪山林岩图》、郭熙的《关山春雪图》，其他如徽宗、米芾、李成、范宽，元赵孟頫、黄公望、倪瓒，明唐寅、文徵明、仇英、董其昌等。

十一日　太平洋科学协会海洋学组中国分会在中央研究院成立，议定三年内由山东半岛以南至扬子江口沿岸测量之事，并在青岛、定海、厦门、威海卫四处设立海滨生物研究所等事。

十二日　立法院会议通过学位授予法。

> 学士、硕士、博士三级为学位（但特殊学科只设一级或二级）。学士学位授予公立、立案私立的大学或独立学院毕业生，硕士学位授予上述学校的研究所、研究院继续二年以上的研究，论文审查合格者。博士学位授予：（一）学术上有特殊的著作或发明者；（二）曾在公立、立案私立的大学或独立学院任三年以上教授，同时经教育部审批者。名誉博士则另据法律以定。

十三日　中国哲学学会成立，自本日起在北京大学召开为期二日的第一次年会。第一日，有冯友兰、林宰平、景幼南、胡适、汤用彤、贺麟、沈有鼎等宣读东洋哲学相关论文。第二日，专门宣读西洋哲学相关论文。顺言之，中国的大学有哲学科的只有北京、清华、燕京、中央四所，北京的上述三所大学哲学教授自七八年前每年召开数次集会，去秋集会席上提议，以致渐成学会组织。

十五日 山东省中等教育行政会议决议，停止国立山东大学年额三十六万元协助款的支出，以充作中等教育经费，山大的经费当另乞中央筹划。〇鉴于八达岭附近的长城一部分经由北平市府之手修葺，大同云冈的石佛的具体修理计划将由大同建设委员会组织。

修理的范围为：（一）转移附近的民家；（二）石窟四周设围墙；（三）西南面筑防水用石坝；（四）石窟设门窗、露天佛处设顶棚；（五）开灌溉用之水渠；（六）自大同城修理道路等事。

十九日 中美庚款会召开，改选蔡元培为董事长，周诒春、孟禄为副董事长。本年预算为一百二十七万余元，主要用于补助北平图书馆、中国科学社、北大研究所、南开大学、燕京大学。

二十一日 中国文化建设协会自本月八日召开为期两周的全国读书运动大会。

浙江省立图书馆也参加此次运动，举办乡贤文献展览会。展品分为：（一）乡贤稿本；（二）《四库》著录乡贤著作；（三）批校本；（四）精刻本；（五）郡邑丛书；（六）地方志。遗著有《海昌外志》《蛟川诗话》《海昌胜览》《万历仙居县志》《东武筝音》等，郡邑丛书中有《新仙居丛书》，其他如李氏藏台州乡贤的著述也被展出。此展览会外，还举办各种全国性的展会，书籍廉价贩卖。

○北平故宫南薰殿之西（旧皇家书库）有石库四十余间，发现其中为砖瓦掩埋千余件石刻，最近古物陈列所着手对其整理。

　　此批石刻为：（一）懋勤殿法帖；（二）渊鉴斋法帖；（三）清芬阁米帖（即米南宫帖）等全都是晋唐名家的书法，也有王羲之、李北海等的遗墨。这些多数为乾隆、雍正时期宫中所收藏的名家真迹的石刻，被保存在石库中。已经整理的是米帖的一部。因米帖真迹故宫只有一部，此石刻乃乾隆时的王亶望（喜爱米帖，藏有不少）所藏，有前后四次刻石，后因获罪财产一并被没收。本次移转至弘义阁的石刻三百余块中，完全者有二百七十五块，每块长三尺厚六寸，白色大理石质地。

　　二十三日　南京的中山文化教育馆召开理事会，决议该会基金委员会的组织及其理事的改选。理事九名，任期六年：孔祥熙、王云五、吴敬恒、李照寰、胡汉民、马超俊（以上连任）、褚民谊、陈立夫、王世杰。

二十六日　北平市编纂市志，经过六个月的准备期后，组织成立了北平市通志馆。

二十七日　本日因燕京大学的返校节，在该校图书馆展览图书。陈列书籍一千数百种，其中有宋刻《方舆胜览》，元刻《古今源流至论》，明刻《学海》（饶伸）及《图书编》（章潢），翁方纲的《易》《春秋》《大戴礼记》《孝经》《尔雅》五经附记稿本，姚元之的《地理志》稿本，南怀仁的《穷理学》旧抄本等。

二十八日　教育部为矫正各大学、独立学院招收人数过滥的弊端而设定的限制，自本年度开始实施。顺言之，去年度各学院入学人员分别为文学院十六名，法学院二十七名，商学院二十二名，教育学院十五名。

五　月

二　日　江西省教育厅决定自本年度在南昌筹设中正大学。○燕京大学昆弋曲研究会召开第一次会议，韩世昌参加。该社的目的是理论研究，提倡实际的知识及介绍。

十　日　十教授关于中国本位文化建设宣言，加以检讨何为"文化"，何为"中国本位"的问题，四个月内发表了百余篇的讨论文，各地举办讨论会。对此十教授又发表了《我等之总答复》。其要旨为：中国此时此地之需要即强调（一）人民生活之充实；（二）国民生计之发展；（三）民族生存之争取诸事。

十二日　中德文化协会在南京开会，朱家骅、勃朗特等五十余人来会。

十三日　中英庚款会第三十一次董事会在南京召开，朱家骅、叶恭绰、曾养甫、刘瑞恒、陈其采等出席，通过左记方案：

（一）对于支出一百五十万元以作铁道部的株韶段工款及流动资金方案，先支出一百万元，剩余五十万元由财务委员会再审。（二）招商局的轮船建造方案。（三）二十四年度教育文化补助费案。

十四日　中英庚款会发布本年度教育文化事业补助费分配额度，总计一百二十万元。

（甲）三十万元，中央博物馆、中央图书馆建设费（平均分配）。

（乙）四十二万元，（一）中央、中山、武汉、浙江四大学，北洋工学院及中央卫生实验处等讲座费六万元；（二）中央研究院科学仪器设备费三万元；（三）北平研究院物理、化学两研究所设备费三万元；（四）中山大学三万元；（五）武汉大学工学院建筑费四万元；（六）浙江大学农、工、理三院设备费四万元；（七）南开大学算学系设备费二万元；（八）燕京大学设备费一万五千九百元；（九）厦门大学科学图书采购费一万元；（十）上海医学院建筑费二万元；（十一）湘雅医学院设备费二万元；（十二）中央卫生实验处设备费二万元；（十三）国立编译馆建筑费二万五千元；（十四）中国营造学社图书编制费一万元；（十五）辽宁医学院设备费二万元；（十六）云南大学理化仪器设备费一万元；（十七）广西大学采矿科实验室设备费一万元。

（丙）次年度留英公费生全年公费旅费等二十三万二千余元。

（丁）设置奖金一万二千元，（一）初中历史教科书、（二）初中地理教科书编纂各六千元。

（戊）二十八万八千元，（一）江西省"收复"共区特殊农村教育费之继续补助费二十六万三千五百元；（二）陕西省西安助产学校建设补助费一万元；（三）青海省蒙藏小学（一所）建设补助费等。

十七日 民国十二年山西省浑源县东峪村发掘的文物最近因辗转于商人之手，将在太原为外人购买，古物保管委员会北平办事处正在调查之中。此批文物中三十六件祭器乃商周青铜器，估价五十万元。〇南京中央研究院的组织法经主法院的修订设立评议会。第一期评议员由政府聘专家学者三十人，给予荣誉职位，任期五年。第二期由评议会选举，院长、研究所所长自然作为评议员。该会的主要职务是决定该院学者的研究方针，促进国内外学术研究的合作与互助。

十八日 北平学术界人士所组织的中国博物馆协会的成立仪式举行。执行委员十五人，马衡、沈兼士、徐鸿宝、翁文灏、李书华、袁同礼、叶恭绰、钱桐、李济、朱启钤、徐炳昶、胡先骕（以上当选）、容庚、严智开、丁文江、傅斯年（同分，选三人）。全国参加机构达三十余。顺言之，据国立中央博物院筹备主任李济的报告，该院的建筑经费乃所设建筑委员会从中英庚款会支出的一百五十万元中所得，计划设置于南京中山门内（百余亩区域），将分为人文馆、自然馆、工艺馆三馆。〇北平图书馆筹备的欧美博物馆展览会在北平团城举办，分为美术博物馆、自然历史博物馆、专门博物馆、儿童博物馆及名人故里等数项。

二十二日 维也纳大学的人种学教授施密特（Wilhelm

Schmidt，1868—1954）在北平辅仁大学公开演讲。秋季自日本归来，当再于北京大学进行系列演讲。

二十五日 北平图书馆举办现代美国印刷展览会。

二十六日 国立北京大学为严肃今年的毕业考试，聘校外各大学教授为考试委员，组成三十人的委员会。○对于缩短学校休假方案，经由教育部指示各大学教育学院审议，大多认为不可轻率实施。

二十八日 行政院通过全国义务教育实施办法大纲，自八月起实施。

　　大纲十一条之要点为：（一）目的：使全国学龄儿童十年内逐渐受到从一年制达到四年制的义务教育。（二）即以符合实际生活的教育为主，分为三期。第一期从本年八月到民国二十九年七月止，所有的成年失学者与学龄儿童接受不少于一年的义务教育，致力于各省市一年制的短期小学的办理。第二期从二十九年八月到三十三年七月止，所有的学龄儿童接受不少于三年的义务教育。自三十三年的四年间为第三期。（三）实施办法除短期小学外，还有初级小学之扩张、二部制之厉行、私塾之改良、巡回教育之试行等。（四）义务教育费原则上由地方负担，特殊贫困市由中央补助。（五）教育部根据各地实施情况，三年后拟定义务教育法草案。

三十日　教育部核准备案的各大学研究所决定如左：

（一）清华大学：文、理、法三科研究所（分十部）。（二）北京大学：文、理、法三科研究所（分五部）。（三）中山大学：文、教、农三科研究所（分六部）。（四）中央大学：理、农两科（两部）。（五）武汉大学：工、法两科研究所（两部）。（六）南开大学：商科研究所（经济部）。（七）北洋工学院：工学研究所（矿冶部）。

中央古物保存委员会制定文物的范围及种类的相关条例草案，本日经行政院之审查。批准后当施行。

六　月

**二　日　**由中美文化基金、中法庚款补助的中国科学化运动协会北平分会在中山公园举办科学展览。

展品分七组：（一）物理、天文、电机、无线电；（二）机械、航空；（三）铁路、道路、建筑；（四）化学、化学工业；（五）生物、农林；（六）医药、卫生、水道；（七）地理、地质。以北平、清华两大学为首由各机构展出。

三　日　由南京文化建设协会发起组织中国史地研究会，缪凤林等九人任筹备委员。

六　日　上海东方图书馆复兴委员会收到了法国文化协会寄赠的相关法文书籍一千六百余种。

十　日　由于故宫博物院图书馆非公开而阅览不便，由该院理事会决定，将重复书籍及寄赠的新书、杂志等运往太庙，设立图书分馆，今日起开放阅览。

二十三日　以小说《孽海花》《鲁男子》闻名的曾孟朴（笔名"东亚病夫"）本日于原籍常熟病殁，享年六十五。曾氏乃光绪进士，民国时历任江苏省财政厅长、代理省长，光绪三十年在上海创办小说林书社，民国十年又经营真善美书局，十四年罢官，其间著书一百余卷，近年因病归返乡里。

二十七日　国立北平研究院改组，连日商讨的结果，取消理化、生物等名称，院下分别设立各研究所、各研究会及其他附属机构，决定聘请各所所长如左：

物理学研究所所长兼矿学研究所所长严济慈，化学研究所代理所长刘为涛，药物研究所所长赵承嘏，生理学研究所所长经利彬，动物学研究所所长陆鼎恒，植物学研究所所长刘慎谔，地质学研究所所长翁文灏，史学研究会历史组主任顾颉刚、考古组主任徐炳昶。

〇前日赴陕西的北平研究院徐炳昶，携带宝鸡一带发掘的古物（周汉的铜石器及其他）归平。

三十日　因中央预算实行紧缩，交通、外务两部的驻平档案保管处与教育部国语统一筹备委员会自本年度一并撤销。但为积极推进国语工作，决定重新在北平设置国语推行委员会。

其工作为：（一）国语统一及普及的各项事宜之计划及审议。（二）编辑国语相关图书辞典、定期刊物。（三）征集并审查各种国语读物。（四）调查各地国语教育及方言分布状况。（五）编制有关国语的各项统计及各地方音符号等。（六）视察并辅导各学校国语科之课业及其他。委员有：吴敬恒（主任委员），钱玄同、黎锦熙、汪怡、陈懋治、魏建功（以上兼任常务委员）、蔡元培、赵元任、林语堂、顾颉刚、胡适、萧家霖、董淮。

七 月

一 日 美人福开森（John Calvin Ferguson，1866—1945）滞华数十年搜集的贵重文物千余件，作为其古稀纪念将寄赠金陵大学，因该大学无适当的保管场所，由北平古物陈列所暂为保管，本日起在文华殿公开展览。展品中有王齐翰的《挑耳图》、《大观帖》中的王右军帖等书画，其他如古铜器、陶瓷、漆器等。福氏光绪十三年来华，初任金陵汇文书院院长，历任上海新闻主笔、南京格致书院提调、湖广总督洋务参议、商务大臣参赞、国务院顾问等，现为故宫博物院专门委员。

五 日 本日《大公报》报道外务省文化事业部冈田部长来平，顺便作题为"中国文化建设与中日文化事业"的社论。略述其内容如次：

> 近来伴随着中日关系的好转，有必要对文化事业予以新的认识。中国文化建设之目的，并非为了文化而建设文化，也绝非在

文化本身之中，而是在改进中国固有文化，改进现代中国的政治与经济建设之中。经济建设与文化建设是救国事业上必要且唯一可能之道路，其中，关于文化建设，虽有中国本位文化论、欧美文化论、复古论、社会主义文化论等，后二者可置之不论，前二者虽也各有偏颇。据云文化建设的根本目的，有必要：（一）与列强文化相抗衡；（二）与中国经济现状相适应；（三）与现阶段资本主义末期相适应；（四）与中国目前之国际环境相吻合。中日合作的文化事业不幸中途停顿，其原因有：（一）国际形势之逼迫；（二）合作事业之内容偏于纯科学；（三）具体方法上，日本方面的支配权过于强大诸点。作为打开局面的方法：（一）致力于纯科学方面的同时，并注力于东方社会关系、东方民族、经济及经济地理等方面的研究；（二）文化事业的实际实施则委任于中国方面。

十八日　筹备中的学海书院在广州大体准备完毕，举行入学考试。院长张东荪乃最近五年于燕京大学任哲学教授之人。该书院办学方针兼采英国剑桥、牛津两大学的导师制与中国书院讲学制之长，分国学组、哲学及科学原理组、社会科学组，据说公立、私立立案的大学乃至学院的文法科毕业生（限男子）均有入学资格，并提供学费。

二十八日 对于本月十三日立法院通过的修正出版法（现行法十九年末公布），言论界的异议不少，希望当局在公布前能够更改。南京新闻学会特列五点，请愿立法院之复议（根据以后的情势，立法院将接受其请愿，并附再议）。

（一）对于出版，主管部门之地方化及其权限之扩大；（二）新生或辩驳书原文全部之登载；（三）对公开禁止之诉讼事件之辩论批评，不可在判决前刊载；（四）不可登载个人家庭隐私之事件；（五）关于行政处分，被处分者之诉讼权过于薄弱。

三十日 北京大学研究院公布文理科研究生招生之规定，本日起开始接受申请。文科相关分为中国文学及历史二部，其科目及指导教授名列入左：

（甲）中国文学部。语言文字学：罗常培、沈兼士、马裕藻、魏建功、钱玄同、唐兰；中国文学史：胡适、周作人、傅斯年、罗庸。（乙）史学部。中国史：傅斯年、钱穆、姚从吾、孟森、陈受颐、张忠绂；中国宗教史：汤用彤、陈受颐；中国思想史：胡适、邱椿；中国社会经济史：陶希圣、周炳琳；中国政治法律史：
张忠绂、陶希圣、董康、刘志敭、程树德；传记学：胡适等。

八　月

一　日　自今年设立全国儿童年，由四月二十一日改为本日
开幕。

二　日　中德文化协会召开第二次理事会（朱家骅主席），
议决以下项目：

（一）设立谢寿康等三十人为委员的出版委员会。（二）设立
郭有守等三十六人为委员的交换委员会。（三）设立贝寿同等二十
人为委员的财务委员会。

四　日　为纪念天津河北博物院已故院长严持约，在持约堂
展出其遗物，自本日公开展览。展品中与植物学有关者占多数，
也有梵藏合璧经、蒙文经、金版《金刚经》（初拓及其原经版之
一部）等。

九　日　据中国营造学社的梁思成谈该社近况如次：

最近一二年来的工作在河北、陕西以实物调查为主，并鉴别中国历代建筑物。本年秋季调查山西东南部（赵城县广胜寺的宋代建筑）及河北南部（正定方面的古代建筑）。文献方面于故宫博物院文献馆的明清实录中搜集与营造有关系的材料，编纂明代营造史料。古代建筑修葺相关方面，据说除曲阜外将修葺蓟县独乐寺观音阁（辽代建筑，国内现存最古老的，距今九百五十一年，样式为唐式）预算需三万元。

十　日　在苏州的章太炎今春从中央政府接受资金作为养生费，以筹备国学讲习会，九月十六日正式开讲。该会另决定九月中出版《制言》半月刊。据说章氏任该杂志主编，孙鹰若、金东雷、朱学浩、诸祖耿、王乘六、吴得一等任委员。

十一日　小说《九尾龟》的作者张春帆病殁于上海。

十二日　河南汲县三彪镇周代遗址经由河南古迹研究会（中央研究院与河南省政府合作）之手正在发掘之中。中央派北平历史博物馆主任裴善元任监察委员。

十三日　教育部本期欧美留学生计一百零九人，其中留美七十二人，留法十二人，留英九人，留德八人，本月中当出发。

二十一日　第一次全国教育会议通过决议，由国语统一筹备委员会审查简化字问题，同时征集专家的意见，本日由教育部公布简体字表。简体字共三百二十四字，分十八韵（据注音符号）。

由教育部向各省市行政机关发布通令之办法：（一）自明年一月起小学、民众学校之各类课本、儿童及民众读物，不论新编与重印一律采用简体字。（二）如若违背则教育部不予审定。（三）自明年一月起各级师范学校注重简体字教育，各校之考试答案用简体字。（四）各报纸在能力范围内当用简体字排印。

教育部决定推行简体字与注音汉字（在汉字旁附以注音符号）并重（九月三日公布）。

以之为样本铸造注音汉字活字，使其在下列范围内通用：（一）民众学校课本。（二）初级小学国语课本生字表。（三）初级小学之社会、自然读本，高级小学之国语、社会（或地理、历史）、自然、卫生课本。（四）初级小学自一年级开始，教授注音符号。（五）自民国二十五年七月，新编之小学及民众学校所用教科书一律遵此办法，有违者一律不予审定。（六）使各省各级师范学校毕业生习得注音符号。（七）自民国二十五年一月，儿童及民众读物之编辑一律用注音汉字印刷。（八）各新闻报纸在可能范围内使用注音汉字。

二十五日 察哈尔蒙古图书馆编译馆经馆长特穆尔博罗特及副馆长萨穆丕勒诺尔布等筹备，本日开馆。馆址在张垣上堡南观音堂大街。

二十七日 孔子诞辰大典在曲阜举行，全国各地也举行纪念会。○新建的北京大学图书馆落成。顺言之，北平东方文化事业总委员会的书库也以二十五万元之预算在新建之中，八月末告竣。○南京古物保管库计划于明年秋季建造完成，届时将现在上海故宫博物院办事处之文物运往南京。

三十一日 全国义务教育委员会第一次会议在南京召开。

附：最近新出版书籍目录

《宛委别藏》预定五十元，商务印书馆印（收集阮元《四库未收书目》中尚未刊之秘籍四十种）。

《丛书集成》四千册，精装一千册，预售五百元，商务印书馆铅印（丛书一百部，子目四千一百余种，其后二百八十元之普及本也被售卖）。

《四库全书四种》预定六十元，商务印书馆影印（《皇祐新乐图记》一册、《绍熙州县释奠仪图》一册、《家山图书》一册、《钦定补绘萧云从离骚全图》三册）。

《六十种曲》断句精校，预定十八元，开明书店。

《二十五史补编》五册，一百七十余种，预定二十四元，开明书店。

《宋藏遗珍》四十六种，预定六十元，北平三时学会影印（山西赵城县广胜寺发现之物）。

《中国新文学大系》预定十四元，上海良友公司（集自民国六年至十六年约十年间所出者）。

《清代名人列传》预定约五元，上海书报合作社印（改《清史列传》之名，含《名臣传》《名儒传》《宗室王公传》《贰臣传》《逆臣传》）。

《海南丛书》九集 四元八角，琼州海南书局印。

《世界文库》郑振铎主编，预定十四元及九元二种，生活书店印。

《楞严经》上海影印宋版藏经会印（从山西赵城县广胜寺发现的全藏中选印）。

《锡山秦氏文钞》秦平甫辑，六元。

《仙严山志》七卷，张扬纂，三元，张氏籀经楼印。

《安徽丛书》八十六册，八十四元，上海《安徽丛书》编审会石印（因该丛书第四期乃搜集凌廷堪遗著之合刊，称《凌次仲先生遗书》，共七十八卷二十六册）。

《郋园全书》叶德辉著，一百二十六种，三百七十一卷，预定七十五元至一百一十元四种，中国古书刊印社印行。

《毛诗引得》三元，燕京学社。

《近代二十家评传》王森然著，一元五角，北平杏岩书屋印。

《国立北平图书馆书目目录类》萧璋编，二册，一元四角，该馆印。

《中国历代法家著述考》孙祖基辑，一册，一元二角，开明书店印。

《方志学》李泰棻编，一元五角，商务印。

《中国法制史》陈顾远著，一册，一元七角，商务印。

《佩文新韵》黎锦熙、白涤洲编，一册，九角，北平人文书社印（一名《国音分韵常用字表》，分十八韵）。

《吴白屋先生遗著》六册，三元，南京国学图书馆印。

《清代燕都梨园史料》张次溪辑，七元，北平邃雅斋印。

《甲骨文编》孙海波撰，十四元，哈佛燕京社印。

《谐声谱》五十卷，张惠言稿，七元，杭县叶景葵校印。

《清初三大疑案考实》孟森著，八角，北京大学印。

《古石刻零拾》容庚撰，四元。

《楚器图释》刘节著，三元，北平图书馆印。

《古史辨》第五册，顾颉刚编，二元七角，北平朴社印。

《国学图书馆第七年刊》国学图书馆编印，二元。

《丛书子目备检》曹祖彬编，一元，金陵大学印。

《古史新证》王国维著，九角六分，北平来熏阁印。

《缀遗斋彝器考释》方濬益稿，二十四元，商务印书馆影印。

《芒洛冢墓遗文四编》罗振玉录。

《尚书新证》于省吾著。

《陕西通志》二百二十四卷，五十元，陕西省通志馆印。

《文澜学报》浙江省立图书馆编印，一元。

《考古专报》国立北平研究院史学研究会编，二元。

《中华民国疆域沿革录》王念伦编，一元，北平五典书店印。

《太平御览引得》燕京学社印，九元。

《两淮水利盐垦实录》南京中央大学印，一元。

《西京碑林》张知道编，一元。

《吴愙斋先生年谱》顾廷龙著，六元，《燕京学报专号》之十。

《海外吉金图录》容庚编，二十元。

《燕京大学图书馆目录初稿（类书之部）》邓嗣禹编，四元，燕京大学印。

《河北石征》第一集，河北月刊社编，七角。

《元人小令集》陈乃乾辑，一元二角，开明书店印。

《甲戌丛编》赵学南、王慧言编刊，四册，三元。

《元明散曲小史》梁乙真著，一元六角，商务印书馆印。

《历代钟鼎彝器款识》二十卷，薛尚功编，影印明朱谋垔刻本，四册，八元。

《中国地理新志》杨文洵等编，中华书局印。

《章氏丛书续编》章太炎著，四册，五元。

《古音系研究》魏建功著，北京大学印，二元四角。

《八十九种明代传记综合引得》田继琮编，三册，燕京学社印。

《汉代圹砖集录》王振铎著，考古学社专辑第四种印，二册，三元。

《道藏子目引得》翁独健编，燕京学社印，五元。

《伊阙石刻图表》关百益辑，二册，河南博物馆印，五十元。

《中国纯文学史纲》刘经庵编，一册，一元，北平著者书店。

《词式》林大椿编，二册，一元三角，商务印。

《精选名伶京剧谱》刘亦钱编，二册，三元六角，上海华通书局印。

《甲骨文字与殷商制度》周传儒著，一册，四角，开明书店。

《中国分省图》一册，一元五角，中华教育文化基金董事会编译委员会印。

《山西通志》杨笃纂修，太原山西书局重印。

《阿济格略明事件之满文木牌》李启德译，七角，故宫博物院文献馆印。

《西夏书事》清吴广成纂，八册，影印。

《中国现代名画汇刊》三元，中国画会印。

《中国保甲制度》闻钧天著，三元五角，商务印。

《宣统政记》四十三卷，辽海书社印。

《晋石厂丛书十种》姚慰祖编，六册，重印。

《浙江省立图书馆图书总目（上）》六元，该馆印。

《江苏省立国学图书馆总目》十六元，该馆印（经四册，史五册，子八册，集五册）。

创刊杂志目录

《十日文坛》（旬刊，南京）、《大风》（北平中国大学）、《正风》（半月刊，南京）、《北调》（月刊，天津）、《史学》（北京大学史学社）、《全国学术咨询处月刊》（南京）、《河南大学季刊》（开封）、《开封实验教育》（季刊）、《广州陵川学会学报》（非卖）、《现代文学》（月刊，上海）、《国专月刊》（无锡国学专修学校）、《新小说》（月刊，上海）、《新文学》（月刊，上海中华学艺社）、《研究与批判》（月刊，上海）、《教与学》（月刊，南京）、《创作》（月刊，上海）、《文化前哨》（月刊，北平）、《国立编译馆馆刊》（南京）、《国衡半月刊》（南京）、《学术世界》（月刊，上海），其他各省教育期刊数种等，以上。

编　后　记

高田时雄

　　本书乃将原长期居住北京的桥川时雄（1894—1982）所写的中国学术界的人物及其动向的文章集为一编。其中除桥川在战前向各类杂志报纸投稿之作外，还包含有未刊的报告书以及在极其有限范围内流通的作品。因多数与新中国成立前的学术文化有关系，故书名为"民国时期的学术界"，对于中华民国时期的学术与文化之实际情况，并非一定要给予全面性的介绍与评价。本书所收的各篇，乃是映入一个日本人桥川时雄眼帘的，触动其心绪的对民国时期学术界的诸多侧面的率直描写，在研究民国时期中国的学术方面，不失为一批绝好的资料。

　　桥川时雄明治二十七年（1894）生于现在的福井市酒生町。

大正二年（1913）从福井师范毕业后，虽任职小学，对汉学的志向未断，大正七年游学北京，不久就在日系的汉字报纸《顺天时报》等当记者。昭和二年（1927）三月，从《顺天时报》社辞职，受其援助，从事《文字同盟》杂志的编辑刊行。这一由中文与日文刊行的双语文艺杂志，经常组织特辑，刊行附刊等，其编集乃出自桥川自己独特的视点，绽放着异彩（有 1990 年汲古书院的影印本）。昭和三年一月以后，他便致力于以庚款即义和团事件的赔偿金开始的"东方文化事业"，其中心事业是《续修四库全书提要》的编纂，不久他就作为实质性的责任者担负其运营，一直到战争结束。至战后昭和二十一年（1946）五月归国，近三十年在北京亲身体验中国的学术界、文化界，特别是在《续修四库全书提要》的编纂过程中，与很多中国学者交往甚深。其中有所谓的清末以来的老儒，也有标榜文学革命的新近锐气的论客等，包含了极其多彩的各色人等。本书中出现的中国文化界的人物与现象的描写，完全来自桥川本人最直接的体验。

桥川晚年几次谈及自己的这些经历。东方学会策划的座谈会"学问之追忆：围绕桥川时雄先生的座谈"（《东方学》第三十五辑，1967 年）及以阿部洋为责任者的特定研究"作为'文化摩擦'之一环进行的采访"（采访记录 E—4，东京大学教养学部国

际关系论研究室，1981 年）即是。这些资料此后为今村与志雄编
《桥川时雄的诗文与追忆》（汲古书院，2006 年）收录。又桥川殁
后二松学社召开的座谈会（"座谈会·追忆故桥川子雍先生"，二
松学舍大学出版部，昭和五十八年九月）也成为了解桥川的参考。
对桥川的相关经历有兴趣的读者，可在其中看到相关信息。

　　以下，就本书所收的相关文章，如初出杂志名及底本的来源
等，加以若干说明。

　　●《天津、济南及长江地方学事视察报告书》，昭和六年一
月，外务省文化事业部刊。

　　●《北京的著作界》，《书香》第一号（大正十四年四月）、第
二号（同年五月），大连"满铁图书馆"（以下同）。

　　●《中国文学爱好者的必读书》，《书香》第四号（大正十四
年七月）。

　　●《北京的出版界》，《书香》第七号（大正十四年十月）。

　　●《北京著述界的近况》，《书香》第八号（大正十四年十一
月）。

　　●《北平书讯》，《书香》第三五号（昭和七年二月）。

　　●《北京史迹杂话》，《协和》第二六〇号（昭和十五年三

月），大连："满铁社员会"。

• 《中国学界的趋势与北平文化的崩坏》，《蒙满》第一八年第一号（昭和十二年一月），大连：中日文化协会刊。

• 《北京文学界的现状》，《朝日新闻》昭和十五年二月二十五日、二十六日号，东京：朝日新闻社。

• 《北京的学艺界》，安藤更生编《北京案内记》，昭和十六年十一月，北平：新民印书馆刊。

• 《江叔海学行记》，《斯文》第一九编第三号（昭和十二年三月），东京：斯文会。

• 《章太炎先生谒见纪语》，《制言》第三四期（昭和十二年二月），苏州：章氏国学讲习所。

• 《京山李维桢传考》，《北京近代科学图书馆馆刊》创刊号，昭和十二年。

• 《杂抄二则》，《中国文学月报》第二三号（昭和十二年二月），东京：中国文学研究会。

• 《从中国典籍看朝鲜典籍》，《书物同好会会报》第一〇号（昭和十五年十二月），京城（首尔）：书物同好会。

• 《民国二十三年（昭和九年）中国文化大事记》，昭和九年十二月，北平：东方文化事业总委员会。

• 《民国二十四年（昭和十年）一月至八月中国学界大事

记》，昭和十年九月，北平：人文科学研究所。

这些文章中，最初刊载的《天津、济南及长江地方学事视察报告书》，是昭和六年的夏天，桥川考察中国南方的报告书。旅行的目的，是考察北京以外的中国学界的状况，探讨《续修四库全书提要》实现的可能性，进而找寻提要的撰写者。像其在绪言的末尾所言"本报告书中叙及个人之毁誉，有笔者直率批评之处，此记录甚惮他见"那样，桥川颇为率直的意见随处可见。此报告书寄送外务省文化事业部后，由该事业部打字印刷并盖押"绝密文件"之印发布给各相关机构，留存今日者很少。又本书最后的《民国二十三年（昭和九年）中国文化大事记》《民国二十四年（昭和十年）一月至八月中国学界大事记》，是桥川作为东方文化事业总委员会总务委员撰写的公务报告书，虽未署桥川之名，但不折不扣是出自桥川之手，桥川自己在上述的座谈会与采访中言及并认定。后者被付诸印刷，颇有留存，前者流传则极其稀少，这里所用的是外务省外交史料馆所藏的包含在东方文化事业文件中的版本。如同题目所显示的，由于是按时间顺序详细记述从该年起的中国学术界的事件，其中有用的记录也很多。

其他大体都是刊载于报纸杂志上的文章。刊载于《书香》杂志上的有五篇，除了最后的《北京书讯》作于昭和七年外，其他都于大正十四年所作，我认为可能与桥川的同乡友人、任职于"满铁图书馆"的桥本八五郎有关。

《书香》以外的刊载杂志，国内与外地各居一半，刊行年次涉及从昭和十二年到十五年。说起昭和十二年乃是中日战争开始的年份，《中国学界的趋势与北平文化的崩坏》等文反映了浓厚的时代色彩。同时，桥川对北京与北京文化的沉思，也是很好的文字。

所选文章有若干不同的，是以下三篇。先是《江叔海学行记》，乃值东方文化事业总委员会的研究员江瀚（1857—1935）去世一周年祭时桥川所写的年谱及其学术的介绍。《章太炎先生谒见纪语》，前述《学事视察报告书》已言及，为昭和六年（民国二十年）在上海访问章炳麟（1896—1936）的笔谈记录，此乃用汉文书写。又同为汉文的《京山李维桢传考》的撰成经过如次：当时来北平图书馆交换的法国国家图书馆的 Dolléans 女史，遵照其师 Pelliot 的指示研究明末学者李维桢（1547—1626）的事迹，由于北平馆所藏的李氏《大泌山房集》已南迁，无从查阅，便经人介绍得以询问桥川。桥川因《大泌山房集》中不载李传，特意从东方文化事业总委员会的其他藏书中检出数条与李氏传相关的材料提供给她。

《朝日新闻》所载的《北京文学界的现状》，素描了当时中国文学界的潮流，这里所列举的大多数人名，今日知道的人已不多了。

《北京的学艺界》因为旅行指南《北京案内记》所载，作为民国时期学术界的概观，归纳得非常之好。已被上举的《桥川时雄的诗文与追忆》收录，作为本书主题不可或缺的一文再度收录。

《杂抄二则》刊载于竹内好等在东京主办的中国文学研究会的杂志。一为谢灵运《登池上楼》诗的相关异文的杂感，一为与章炳麟的笔谈记录（上述文的日译）。

《从中国典籍看朝鲜典籍》，可能是当时在京城的书物同好会的谈话记录，叙述朝鲜本特质的有关印象。虽然有与本书不太相称的一面，但作为类似桥川风格的文章勉强收录。

以上是对本书收录文章极其简单的解说，最后还要说明一下关于本书的文本。原文假名用片假名的场合，现将其全部换作平假名。又除有时将逗号改为句号外，促音的假名也按照现今的习惯作了微调。这是为了方便阅读而做的技术性的变更。另一方面，汉字保留正体字，假名也一仍其旧。底本，特别是外交史料馆所藏的见于东方文化事业文件中的打字原稿，随处可见的错误不少，但凡注意到的便已改正，关于这些订正并没有特别加注。又对杂志刊载当时的原文，有执笔时间和桥川的头衔，也全部保持原貌。

关于本书的出版，很早就得到桥川家族的承诺，因编者个人的原因迟迟才完稿，尤表歉意。又在此期间，特别是商谈各种事宜的桥川先生次子桥川润氏，未及等到本书付梓便已去世，在此谨祈祷冥福。

附录

人 名 索 引

S

译　后　记

　　本书日文版名为「民國期の學術界」，由京都大学高田时雄教授编集，京都临川书店 2016 年 11 月出版发行。原收录日本汉学家桥川时雄（1894—1982）在不同场合发表或未发表的报告、文章二十篇，今取其中十七篇译为中文，介绍给国内的学术界与读书界，以期引起对这位不太为今人所熟知、却又在近代中日学术文化交流史上起过特殊作用的学者的关注。关于桥川其人及这批文稿的情况，高田时雄教授在本书中文版前言与编后记中已有较为详尽的介绍；复旦大学石祥教授曾撰《学问吟咏之间——〈文字同盟〉与中日学术交流（1927—1931）》（原载《山东社会科学》2011 年第 5 期；增补版载《国际中国文学研究丛刊》第三辑，上海古籍出版社，2015 年），对桥川时雄在北平主编的《文字同盟》及与中国学界之交流作了披露；近期北京市社会科学院陈言研究员撰有《作为"锚定点"的桥川时雄：他的交游与北京书写论考》（载《中国现代文学研究丛刊》2022 年第 11 期）一文，也利用到本书日文版所收录的部分篇章，概括出桥川本人的东亚文化史观具有"内在于中国、充分中国化的特质"；而关于桥川的诗文造诣、学术业绩、个人回忆录、同僚后学追忆访谈及年谱长编等等全方位的介绍，感兴趣的读者可参看其婿今村与志雄教授所编《桥川时雄的诗文与追忆》（「橋川時雄の詩文と追憶」，汲古书院，2006 年）一书。

本书的翻译，得到京都大学道坂昭广与高田时雄两位教授具体细致的指导。笔者每译完一篇即向道坂教授提交样稿，经他答疑批改、往复讨论，直到全书译竟，再经由高田时雄教授审核润色一过，并赐下中文版前言。翻译具体文本时，或因桥川当时便记录有误，或因日文版整理成书时的误录，造成书中不少人名或书名的错误，以第一篇《天津、济南及长江地方学事视察报告书》为例，"丁稼氏"当为"丁稼民"之误；刘承幹字"幹贻"当作"翰怡"；孙德谦《刘向雠学纂微》当作《刘向校雠学纂微》；《中国文学通志》当作《中国文学志》；马裕藻字"幻渔"

当作"幼渔";苏州"王季烈,字同愈"实则为"王同愈,字文若",虽同为苏州人,但前者是清末民初物理著作翻译家,后者乃此一时期著名学者、藏书家,桥川时雄拜访的显然为后者;王宝莹"字欣夫",实际上他是当代著名文献学家王欣夫的叔祖;南京"吴光炜"当系"胡光炜"(即胡小石);庄有可"字大可……其著《大可遗稿》",当为"字大久,其著《大久遗稿》";河南大学校长"许扦震"似当为"许心武"(字介忱,扬州人,1931年适任河大校长),凡此等等,均承蒙本书责编徐迈女士一一指出,但因高田教授在编集日文版时有云"但凡注意到的(错误)便已改正,关于这些订正并没有特别加注",因此在翻译成中文时,笔者一以贯之,也未予以说明;只是对于文中一些特殊用语或事件,约略注之。又,原稿多为竖排,文中依书写习惯指示方位的词(如右、左、上、下),皆保持原貌;各篇标题层级与原书保持一致,未强作统一,这是要向读者说明的。此外,编有人名索引,以便稽核。

在本书的翻译、出版过程中,承北京大学陈平原教授、张剑教授热情无私地奖掖举荐;京都大学道坂昭广教授、高田时雄教授精心指导并联系版权诸事宜;南京大学金程宇教授惠赐重要资料,中国人民大学吴真教授、北京市社会科学院陈言研究员予以支持鼓励；本书责编徐迈女士不惮繁难，核查文献，指疑攻错，改正了大量原书与译稿的讹误，借此机会，向他们表示衷心的感谢。就在写下这篇"译后记"的几天前，从高田时雄教授处得知，授予该书中文翻译与出版权的桥川时雄长子桥川潜先生已于今年六月以九十七岁的高龄驾鹤西去，先生未及见到中文版的面世，于此谨致哀悼之忱。至于该书翻译中所产生的错误，概由译者承担。

此书的翻译肇因于我三年前夏秋之间的一次野外访幽之旅，其时正值第一次疫情告歇。回想当时心境，似颇与桥川时雄 1973 年至 1975 年的某年夏天在长野县信浓町山居所作二首汉诗有同频共调之感，兹录以作结：

游一茶道人墓下二首

落魄江湖市隐今，策丘来读瘦蛙吟。俳谐寺古扫苔坐，般若汤携墓下斟。

是寺清闲客醉稀，读碑人带夕阳归。池蛙脚瘦虽无力，蹴我草间随处飞。

樊　昕

癸卯七夕前一日谨识于缺甓室